JN098641

法廷弁護における説得技術

法廷できわだつ弁護士になるために

The Articulate Advocate

Persuasive Skills for Lawyers
in Trials, Appeals, Arbitrations, and Motions

ブライアン・K・ジョンソン／マーシャ・ハンター＝著

大森景一／川﨑拓也／東向有紀／白井淳平＝訳

日本評論社

THE ARTICULATE ADVOCATE: Persuasive Skills for Lawyers in Trials, Appeals, Arbitrations, and Motions

by Brian K. Johnson and Marsha Hunter

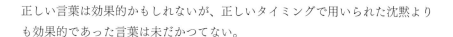

正しい言葉は効果的かもしれないが、正しいタイミングで用いられた沈黙よりも効果的であった言葉は未だかつてない。

マーク・トウェイン

第1章　身体　I

第2章　脳 61

第3章　声　107

第4章　練習方法　155

　全米法廷技術研究所（NITA）、アメリカ合衆国司法省、ヒルマン弁護技術プログラム、アメリカ合衆国とカナダ、そしてエストニアからタスマニアにまで及ぶ数多くの法律事務所とロースクールにおいて実演プログラムに関与する、私たちの才能ある仲間たちに捧ぐ。あなたたちはその熱意ある芸術的な弁護技術で私たちに示唆を与え、知識を授け、楽しませてくれた。ここに挙げるべき人はあまりにも多いが、私たちは、最近この世を去った、NITA の偉大な女性指導者であり、司法省刑事部長であり、洞察力のある教師であり、そして手を用いて語る方法についての雄弁な模範である、ジョー・アン・ハリスに対し、謹んで謝辞を述べたい。

刊行によせて

◆

　優れた法律家には様々なタイプがありますが、共通しているのは、アイデアの本質を捉え、そのアイデアの本質的な強さや説得力を、他者に納得させる方法で表現する力を持っていることです。説得力は必要不可欠なものであり、弁護士として成功し、実りあるキャリアを築きたいと願う人にとって、この能力を高めることは非常に重要です。

　これは決して鋭い洞察ではありません。しかし、25年以上にわたって弁護士に法廷弁護を教えてきた私から言わせれば、法廷弁護教育の世界では2つのことが大きく変わってきています。1つは、科学的な厳密さと個人の個性を融合させることで、人を説得することができると理解されてきたこと、もう1つは、その技術を様々な場面（陪審裁判はそのうちの1つにすぎません）で発揮することの必要性を認識したことです。

　30年前には、弁護士がキャリアの初期に法廷に挑む機会は、今よりもはるかに多くありました。私も駆け出しの法律家のころ、連邦事件の陪審裁判に1人だけで挑みました。毎日ではないにしても、若い弁護士が法律事務所の経営者になるかなり前の段階で、法廷で多くの経験を積むことは珍しくありませんでした。現在では、法律家が法廷に立つ機会は、キャリアのどの段階においても非常に少なくなっており、法律事務所では、若い勤務弁護士に、有料で依頼される事件では得られない裁判経験をプロボノ活動で積ませるために、公益フェローシップ[訳注1]を与えるということが日常的に行われています。また、裁判になるケースが少ないため[訳注2]、弁護士費用は常に高くなり、クライアント

［訳注1］　一定期間公益活動に従事させつつ、給料等を支払う制度。
［訳注2］　アメリカにおいては、刑事事件も民事事件も、大部分は司法取引や和解で終了するため、事実審理に進むことは稀である。

は経験豊富な法廷弁護士に注目するようになります。弁護士にとっては、熟練した説得力のある法廷弁護人であることが、これまで以上に重要になっていますが、それを仕事で学ぶ機会はますます少なくなっているのです。

投資

> 平凡と非凡の違いは、ほんの少しの努力の差でしかない。
> ——ジミー・ジョンソン（アメリカンフットボールの解説者、元選手、元コーチ、元会社役員）

　人前で考えたり話したりする能力を生まれつき持っている人はほとんどいませんし、法廷で経験を積む機会も少なくなっています。このような状況では、実務を担当する者にとっては、必要なトレーニングをしていることが重要であり、リーダーにとっては、実務を担当する法律家が技術を向上させる方法を確保することが重要です。これは、可能な限り最高のクライアントサービスを提供するために必要なことですが、最高の弁護士を確保するために必要なことでもあります。最高の弁護士はクライアントのために常にスキルを向上させ、あらゆる優位性を獲得しようとする完璧主義者です。

　私たちの雇う弁護士に最高のトレーニングを提供することで、優れた勤務弁護士を、私たちの卓越した伝統を守るパートナーにすることができるのです。最後の一件と考えて勝負するビジネスの世界では、どのような案件にも最高のスタッフで臨まなければ務まりません。私たちは、どんな案件でもベストな人材を確保し、ハードルを常に上げていかなければなりません。モルガン・ルイスでは、常に卓越し確実に向上する必要性を感じているため、ブライアン・ジョンソンとマーシャ・ハンターを10年以上にわたって私たちの弁護士の法廷弁護技術——宣誓供述録取、申立て、裁判、さらには依頼者や同僚を前にしたスピーチに至るまで——の向上にあたらせてきました。

　これは私たちだけではありません。ブライアンとマーシャは、国内の何十ものプログラムをサポートしています。中でも、彼らは司法省連邦弁護技術センターで新任連邦検事補のトレーニングを担当しています。そして1988年から彼

らは、全米随一の弁護技術トレーニングプログラムである NITA にて、全米法廷弁護技術セッションを始動しました。

　ブライアンとマーシャの1週間のプログラムに参加することは、参加者の人生において、キャリアを変える出来事です。彼らが与えてくれるスキルやツールはずっと身についていきますし、私は誰が彼らの指導を受けたことがあるかをよく言いあてることができます。しかし、誰もがそのような贅沢な時間を過ごせるわけではありません。この本は、自分の技術に投資したいけれど、対面式やオンラインのトレーニングプログラムを利用できない人のために、そのギャップを埋めるものなのです。

技術の背後にある科学

> どんな愚か者でも知ることはできる。重要なのは理解することだ。
> ──アルバート・アインシュタイン

　効果的な法廷弁護活動は、創造的な技術であると同時に科学でもあります。ブライアンとマーシャは、その技術の背後にある科学を理解するために、その必要な要素を解明することに何十年も費やしてきました。この本では、まず本物であることの重要性が語られています。ブライアンとマーシャは、あなたの誠意を相手が信じなければ、相手を説得することはできないことを知っています。陪審員の前で話すとき、あるいは証人に反対尋問をするときに、本物であることあるいは自然であることは、言うは易く行うは難しです。しかし、事実認定者を説得するためには重要なことなのです。

　ブライアンとマーシャは、自然であるだけでなく、そう認識されるための本物のコミュニケーションを支援するべく、科学的な手法を用いて、あなただけのスタイルという創造的な技術を解き明かします。彼らは、人前で話しているときに自分の体に何が起こっているのかを理解することに重点をおき、それを意識的にコントロールできるようにしてくれます。本書では、弁論の最中に、なぜあなたが早口になってしまうのか、なぜ「あのー」と15回も言ってしまうのかを科学的に説明しています。この本では、さらに一歩踏み込んで、ゆっく

り話すために、そして「思考中のノイズ」をなくすために正確に何をすべきかを説明しています。

　私のスタイルの1つに、難解な概念を、陪審がすぐに理解できるような人間的な価値観に変換するために、例え話を用いるということがあります。だからこそ、本書で教えられているスキルを適用するための、実践的で役立つヒントを伝える様々なケーススタディや例え話を読むことは、大きな喜びでした。ブライアンとマーシャは、身体、脳、声をコントロールするための「行動儀式」の活用に焦点を当て、72歳の退職者であるアンベリー医師がバスケットボールのコートで2750回連続してフリースローを一度も失敗せずに決めた話を紹介しています。どうやって？　アンベリー医師は、シュートを打つ前の心身の儀式によって、自分をコントロールし、一貫性を保ったと言います。ブライアンとマーシャは、一貫した「試合前」の儀式が法廷でも同じような成功をもたらすことを説明し、私たちが自分自身の身体的儀式を作り、それに磨きをかけられるようにしてくれます。そうすることにより、身体の動かし方や手を使ったジェスチャーの方法が自然にできるようになり、言いたいことやどのように言いたいことを言うかに集中することができるようになります。

　このような実例と実践的で詳細な解決策により、具体的な問題を解決することができ、駆け出しの勤務弁護士から、さらなる伸びしろを探す20年目のベテラン検事まで、自分のスタイルに合わせてカスタマイズが可能です。

練習が達人を作る

> 人は、物事を繰り返す存在である。つまり、優秀さとは、1回の行動そのものによって得られるものではなく、習慣により得られるものである。
> ──アリストテレス

　つまるところ、法廷弁護はしばしば実用的な技術なのです。人は自分が理解できるものを支持するものであり、公正さと誠実さという基本的な概念が法律の実践を後押しします。ブライアンとマーシャは、もちろんこのことを理解しており、彼らの本は実用的な助言に優れています。

練習すれば完璧になるというのは普遍的な真理ですが、本書の最後の２つの章では、必要な技術だけでなく、その技術をどのように練習するか（意識的な呼吸法を考えてみてください）についても詳しく説明し、実際の法廷弁護の場面で適用する方法を詳しく説明しています。その中には、声が小さすぎる、じっとしていられない、主尋問で答えの後に「なるほど」と言ってしまうなどの悪い癖がある人が試すべき練習も含まれています。また、この本は、何千人もの多忙なＡタイプ[訳注3]の専門家を訓練してきた経験から生まれた実用主義に基づいて構成されています。そして、本書の各章の終わりにはまとめがあり、付録は何度も参照することができる記憶喚起に役立つものになっています。

　この本は、熟練した法廷弁護士になりたいと本当に願う人のための道具として欠かせないものです。この本は、あなたと、あなたのキャリアと、あなたの依頼者への投資です。ブライアンとマーシャのトレーニングに直接参加できない場合は、この本が次善の策となります。そして、あなたがすでにそのトレーニングの恩恵を受けた幸運な方の１人であれば、この本は素晴らしい復習の役割を果たすでしょう。

モルガン・ルイス　代表

ジャミ・ウィンツ・マキーオン

［訳注3］　せっかち、怒りっぽい、競争心が強いなどの行動パターンを指す。

序 文

◆

　弁護士は、様々な状況で、異なる伝え方で、説得的に弁護することを求められます。ある法廷弁護士は、陪審裁判において、市民を情熱的に説得するかもしれません。まったく同じ法廷で、職業裁判官に対して証拠排除の申立てをするときには、その弁護士は、まったく異なる熱量そして口調で、説得するかもしれません。そしてまた、陪審裁判中、陪審に聞こえないところで、裁判官や検察官とひそひそと議論をするときは、また異なる熱量や音量で説得する手法をとるかもしれません。伝え方は状況に応じて変わるものです。

　裁判官裁判では少し異なる面があります。芝居じみたことはする必要がありません。職業裁判官は、陪審を説得するときに必要とされるような演技は求めていませんし、必要ともしていません。だからこそ、弁護士は、その現実に合わせるのです。

　申立ての場面[訳注1]では、なおさら異なります。申立てにおいて、裁判官によっては、準備したプレゼンテーションを進められる場面と、裁判官からの質問に答える形での臨機応変な議論をしなければならない場面とを、常に行ったり来たりすることが求められます。もし、それが「ロケットドケット」事案[訳注2]であれば、スピードと効率性が本質的な要素であり、弁護士はスピードと効率性を重視して手続を進めるようにします。

　複数あるいは1人の裁判官で主宰する控訴審裁判所の前で、控訴審の弁護人

［訳注1］　アメリカ合衆国においては、証拠排除の申立て（motion in limine）等の各種申立て（motion）は職業裁判官のみで行われることが通常である。申立て自体は書面でなされることが多いが、実際には、法廷で裁判官から矢継ぎ早に質問があり、それに答える形で審理が進んでいく。
［訳注2］　特に審理期間に定めを置いて、効率的かつ迅速に審理を進める事件類型を指す。

が弁論をする場合も同様です。そのような場合のアプローチは、裁判官席に座る裁判官の傾向によるところが大きくなります。すなわち、裁判官が、情熱的か冷静か、しばしば質問をしてくるのか、邪魔することなく準備したプレゼンテーションをさせてくれるのか、といったことです。時間制限は、あるかもしれませんし、ないかもしれません。弁護士は、相手に合わせるだけです。

　仲裁手続における弁護活動は、上で述べたものとはまったく異なります。場面は会議室で、当事者は座ったままであり、手続的規制は明らかに緩やかです。別の対応が必要となります。

　この本の著者たちは、これらの場面で取るべき行動が、どれだけ異なるかを理解しています。私たちは、この本が、できる限り多くの弁護士の助けとなってほしいと願っています。第1版では、法廷弁護士のための、法廷におけるコミュニケーションスキルに重きを置きました。第2版では、その範囲を陪審裁判、裁判官裁判、模擬裁判、申立実務、控訴審そして仲裁手続を含む範囲に広げました。

　この本の守備範囲を広げたことによって、私たちはある問題につきあたりました。それは、弁護士の話を聞く多様な人々を、どのように表現するかということです。私たちは、彼らを繰り返し列記しないことにしました。かわりに、単純にそれらを含む概念である「聞き手」と呼ぶことにしました。私たちは、読者の皆さんがこの意図を理解してくださり、この本で与えられたテクニックを、皆さんの置かれた状況において、最も適切な聞き手や場所に読みかえて用いていただけると信じています。

　加えて、30年以上もの間、もっぱらこの仕事をしてきた結果、私たちは、多くの弁護士が、本能的に、熱心な反対意見を述べることも知っています。彼らの仕事は、与えられた如何なる考え方に対しても、ウィークポイントを見つけることにあります。たとえば、「いつもそうするわけじゃないよね」とか「あらゆる状況で使えるテクニックではないよね」という類いのものです。私たちはこう言いたいと思います。異議は認めましょう、弁護人。理解してほしいのは、私たちの教えるテクニックの1つひとつが、すべての弁護士が、あらゆる場面でいつでも適用できるものであると主張しているのではないということです。シェイクスピアが、著書の中で、完璧な解を述べています。「汝自身の判

断に従え」と。私たちはその考え方に賛成です。弁護技術については、１つの服が全員にぴったり合うわけではないし、どんな場面でもぴったり合うわけでもないのです。

　すべての話し手が磨く必要のある感覚があります。そのうちの１つが、その特定の状況に適応する能力です。あなたが仕事をする場面で、あなたにとってうまくいく選択をしてください。あなたの目標は The Articulate Advocate、つまり、わかりやすく、明瞭な、法廷できわだつ弁護士になることです――常に、そしてあらゆる面で。

はじめに

◆

　この本は、あなたが、自分独自のスタイルを、生み出し、模索し、広げていくためのツールを与えるものです。そのスタイルは、どのような弁護課題に挑戦する際にも活用できるものです。しかし、そのスタイルは、あなた自身のものでなければならず、まがい物であってはなりません。師匠や同僚のお手本の中からインスピレーションを見つけることはできるかもしれませんが、単に、師匠の真似をしたり、同僚にとってうまくいく方法をコピーしたりしてもだめなのです。あなたのスタイルは、あなた自身の身体と脳と声をコントロールし、連携させて組み合わせることによってでき上がる、あなただけのものです。あなたが、説得力のある弁護士としての個性を見つけ出そうとするなら——あるいは、あなたがすでに十分なキャリアを積み重ねていて、その個性に磨きをかけようとするなら——この本で解説している、スタイルを構成する様々な要素を試し、自分に合うものを見つけていくべきです。1つの選択肢が常にあらゆる状況のもとでうまくいくわけではありません。そのため、あなたのスタイルは、最終的には、直面する課題に合わせて、様々な要素を再構成したものになるでしょう。

　説得的なスタイルというものは、何かを真似たり、何かを演じたり、何かに見せかけたりすることから始まるものではありません。人に信じてもらうためには、本物に見え、本物に聞こえ、本物であると感じられなければなりません。こう言うと、その論理的帰結は、ただ単に「自然にふるまえ」とか「自分らしくしろ」と自分自身に言い聞かせることであるかのように思えるかもしれません。しかし、それは解決方法の一部でしかありません。——自然にしようと努力することには思わぬパラドックスがあり、単純問題ではないのです。

自然にふるまうことのパラドックス

「自然」という言葉にはたくさんの意味合いがあります。ここでは、あなたが日常生活の中でいつもしているように話し、考え、そしてふるまう方法のことを指します。つまり、あなたが普段から行っていることが自然な行動であり、そうでないことは自然な行動ではありません。「自然な」行動の中には、多数に向けたスピーチを行う場面では、「不自然」に見えたり感じられたりするものがあります。そして、弁護士として「自然」に見え、「自然」に感じられるようになるためには、いくつかの「不自然な」行動を意識的に身につける必要があります。ここにパラドックスがあるのです！　多くの人は自分自身の自然な行動について自覚していません。このことがこの問題を複雑にしています。それは人間の習性に、次のような相容れない性質があるからです。つまり、あなたが「自然」であるとき、あなたは自分自身を「意識」していません。逆に、自分のことを「意識」しているとき、あなたは「自然」ではありません。つまり、ただ単に自分自身に「自然にふるまえ」と言い聞かせればよいわけではないのです。あなたは、自分の「自然」な行動が何かについて、完全には「意識」していない可能性が高いからです。必要なのは、テクニックなのです。

身体

日々の会話で、あなたがどのようにふるまっているかを考えてください。同僚と話しながら、無意識に何らかの癖がでているでしょう。もしかしたら、眼鏡を鼻から押し上げたり、額から髪をかき上げたり、ポケットの小銭をジャラジャラ鳴らしたり、ペンをもてあそんだり、片方の足からもう片方の足へと重心を移動させたりしているかもしれません。あなたも、同僚も、このようなふるまいに気づかないか、もしくは気にしないでしょう。これらは、普通のことであり、無意識で、自然だからです。

今度は、あなたが、法廷で立ち上がって裁判官や陪審に話しかけているか、座って仲裁人に話しかけているところを想像してみてください。あなたは自分自身に自然にふるまうようにと言い聞かせ、身体はその指示に忠実に従います。

重心を前後に移動させたり、眼鏡を鼻の上に押し上げたり、額から髪をかき上げたり、ペンをもてあそんだり、ポケットの中の小銭をジャラジャラ鳴らしたりするでしょう。これらのふるまいをすることは、聞き手にあなたを「自然」な感じに見せるでしょうか？　いいえ。むしろ、それは自然な感じからかけ離れて見えるでしょう。

　自然にふるまうことのパラドックスが現れ、完全に普段どおりのふるまいが、逆に不自然に見えてしまいます。アドレナリンが加わったとき、身体は無意識のうちにこれらの自然な行動をさらに活発に行ってしまいます。揺れや重心移動、眼鏡を押し上げること、髪をかき上げること、ペンをもてあそぶこと、小銭をジャラジャラ鳴らすことなどがより頻繁に起こると、あなたはますます落ち着きがないように見え、不自然に見えます。弁護活動中はある程度の形式性と自制心が期待されていますが、そのようなときには、会話中では気づかないような自然な癖が、目立つし不自然に見えるのです。何というパラドックスなのでしょう！　明らかなことは、「自然にする」ことがあなた独自のスタイルを発見するための最適な方法ではないということです。

脳

　このパラドックスに関する別の例は思考の過程に関連しています。あなたは、よく知っている人に対して、すでに答えを知っている質問を頻繁にしますか？ 親友や同僚に「あなたの名前は？」「どこに住んでいるのですか？」「結婚は？」という、一連の質問を最後にしたのはいつでしょうか？　もしこのような質問をしたら、あなたの友人はあなたが一時的に記憶を失ったのかと思うでしょう。あなたはすでに答えを知っているはずなので、そのような質問をすることはとても奇妙に感じられます。

　けれども、主尋問では、まさにこのような質問をするのです。あなたは答えを知っている質問をします——実際、答えを知っている質問しかしないのです。質問は正しい言葉づかいで行われなければならず、適度な好奇心を持って尋ねなければなりませんし、自然に質問しているように見えなければなりません。あなたの尋問は、台本がなくリハーサルもしていない、自然な会話と同じぐらいやすやすとこなしているように見えなければならないのです。

声

　あなたは、自分の声を部屋全体に行きわたらせるのに十分な声の大きさで話すことができなくてはなりません。もしあなたが本来は小さな声で話す人であれば、極めて不自然に感じてしまうかもしれません。しかし、裁判官に「弁護人、もっと大きな声で話してください。聞こえませんよ！」と大声で注意された際に、「裁判官、申し訳ありません、ただ、これが私の自然な声なんです」と答えることはできないでしょう。あなたにとって自然であるか否かにかかわらず、信頼できて聞き取りやすい話し方が弁護士には求められます。さらに、あなたは、自分の話すペースをコントロールし、「えー」「あのー」といった思考中のノイズを取り除き、一番説得力のある論拠をどれくらい強調できているかを評価し、プレッシャーのかかる場面でも適切な言葉を選択できるようにならなければなりません。声の使い方や話す際の技巧の交え方について、意識的に決断する能力は、弁護士の仕事をするうえで必要な条件です。

テクニック

　はっきりしているのは、「ありのままの自分でいること」によっても、「自然であれ」と自分に言い聞かせることによっても、説得力のある弁護士になることはできないということです。本物の、独自のスタイルを見つけ出すためには、どうすれば自然に見え、自然に聞こえ、自然に感じられるかという難問に対して信頼できる答えを提供してくれる、確かなテクニックが必要です。どのように身体をコントロールするかは、明晰に考えるために脳を使う能力や、説得的に話すために声を使う能力にも影響を及ぼします。このテクニックを発展させ、洗練させるにしたがって、あなたは、自分自身に気づく段階から、自分自身を意識する段階を経て、ついには自分自身をコントロールできるようになるでしょう。テクニックを一度習得してしまえば、その弁護のための技術は第2の天性となるのです。

第 1 章

身体
Your body

弁護士たちにとって最も重要なことは、自信があって、落ち着いていて、そして信頼できるように見えることです。聞き手がどれだけあなたの話すことを把握するかは、立ち方、動き方、呼吸の仕方、ジェスチャーの仕方、視線の合わせ方に大いに影響を受けます。裁判官、陪審員、仲裁人は、あなたが言ったことを聞きながら、無意識にあなたの身体的な行動を精査し、信頼できるかどうか評価します。もし、あなたのふるまいから、緊張していて落ち着かない状態であることが伝わったとしたら、あなたには説得力がなくなるでしょう。しかし、もし、あなたが熱心な弁護士としての役割に自信と熱意があるように行動すれば、あなたは説得力を持つでしょう。この最初の目的──たとえ緊張していたとしても、いつもダイナミックで、悠々として、信用できる存在に見えるようになること──を成し遂げるためには、身体をコントロールする際の失敗を防ぐテクニックが要求されます。

　アドレナリンの機能を理解することは、この過程で最も重要です。弁護士のパフォーマンスにこれより大きな影響を与えるものはほとんどありません。不安や興奮を感じることにより、アドレナリンの放出が必然的に引き起こされ、過剰なエネルギーが送り出されて身体の中を駆け巡ります。このため、多くの弁護士は、行ったり来たりしたり、前後に揺れたり、速くて浅い呼吸をしたり、不自然なジェスチャーをしたり、手で何かをいじったりします。目でさえ、アドレナリンによる影響を受けます。神経のエネルギーにより、目の焦点を合わせることが難しくなって、目線が部屋の中を飛び回りがちになり、聞き手からはアイコンタクトを、弁護士からは集中力を奪います。

　足、腕、手、そして目の動きだけでなく、呼吸をコントロールする方法を学ぶことによって、アドレナリンの力をよい方向に導き、自分の身体にどのように反応すべきかを命じることができます。

　指導を受けながら練習することで、身体が適切かつ効果的に動くよう指示する方法を発見できるでしょう。望ましいふるまいを儀式の一部として行うことで、意識的に身体をコントロールすることができるようになります。あなたが実際にどのように感じているかにかかわらず、あなたはすべてのプレゼンテーションにおいて、最初の一言目から、落ち着いていて自信に満ちているように見えるでしょう。

◆ アドレナリンを理解する

アドレナリンは、副腎から分泌される天然ホルモンです。追加のエネルギーが必要だという信号を本能が発したときに体内を流れます。たとえば、防御するとき、逃げるとき、あるいは結果へのプレッシャーに応えようとするときなどです。

結果へのプレッシャーは、しばしば、興奮や期待などのポジティブな形で現れます。アスリートたちが大きな大会に向けて「気合いが入っている」と話すとき、彼らは、よい結果を期待して身体が文字どおり送り込んでいるアドレナリンに反応しています。アドレナリンは、ボールを遠くに投げたり速く走ったりするのに必要な追加のエネルギーを生み出してアスリートたちを補助するだけでなく、競争の熱狂の中、集中し、脳が何かに焦点を合わせやすくすることも補助します。同じように、アドレナリンは弁護士にとってもポジティブな要因となりえます。

身体は、緊張、不安、パニックのようなネガティブなプレッシャーに応える際にもアドレナリンを放出します。過剰な神経エネルギーは、しばしば闘争・逃走症候群（fight-or-flight syndrome）と呼ばれます。なぜなら、アドレナリンは、闘いを助けるために腕の筋肉に、そして逃走するのを助けるために足の筋肉に、エネルギーを与えて活発に動くようにするからです。

現代社会では、幸いなことに、私たちが捕食者から逃げる必要性は少なくなっていますが、私たちは皆、アドレナリンが誘発するエネルギーのことをよく知っています。それは、手足を震えさせます。もし、あなたが、話すために立ち上がったときに手が震えていると感じるなら、それはアドレナリンが腕の筋肉に闘うための準備をさせた結果です。もし膝ががくがくしていると感じるなら、アドレナリンが恐怖から逃げるために太ももや大腿四頭筋に追加のエネルギーを送り込んでいるからです。身震いも引き起こされます。なぜなら、身体中のすべての筋肉は、他の筋肉と組み合わさっている——たとえば、二頭筋と三頭筋は前腕を動かすために一緒に動く——からです。そして、アドレナリンが同時にその両方の筋肉にエネルギーを与えると、それらは互いに緊張して引

っ張り合い、腕や足の震えを引き起こします。

　英語で「胃の中で蝶が飛んでいるような」と表現される、緊張でそわそわするよくある神経症状は、呼吸に関係する筋肉で起こります。このメタファーでいうところの蝶のはためきは、アドレナリンに応えて横隔膜と肋骨の肋間筋が互いに逆向きに引っ張るときに引き起こされます。話をするとき、震えを感じることがあり、そしてそれは時には聞いてわかるほどになることもあります。過度に筋肉が緊張して息を適切に支えられなくなると、声は震えたり、かすれたりします。また、息を適切に支えられなければ十分聞き取れるほどの大きな声にはならないでしょう。あなたは、蝶に惑わされて、自分の最も明瞭で説得力のある部分を発揮できない可能性が大いにあります。

　多くの弁護士の場合、興奮と緊張のバランスが絶え間なく変わることが原因でアドレナリンが分泌されます。効果的に話すことに挑戦することは、爽快なだけではなく、同時に神経を疲れさせます——多くの場合はほんの少しですが、時にはかなり疲れさせることもあります。経験豊富な弁護士でさえ、この現象を経験することを認めています。そのときにアドレナリンがどれぐらい生成されることになるかを予測することは不可能ですが、少なくともいくらかは影響を感じさせることは間違いありません。秘訣は、アドレナリンの噴出の原因にかかわらず、それに付随するエネルギーを最も効果的で適切な方法で導くようにすることです。

　もし、アドレナリンを導いて放出しなければ、アドレナリンは様々な不適切な無意識の癖を誘発し、あなたは不安で落ち着かないように見え、実際にも不安で落ち着かなくなります。しかしながら、闘ったり、逃げたり、固まったりする衝動を認識することを学べば、身体の特定の部位を積極的にコントロールすることで、アドレナリンの負の影響に対抗することができます。

　事実認定者や証人に対峙する準備をしているとき、あなたは普段以上のアドレナリンの噴出を感じるかもしれません。話し始める前に、心の中で数秒間、数を数えることで自分のふるまいを意識的にコントロールすることができるようになります。この沈黙の間、身体に準備をさせ、脳が集中できるようにするため、短い身体のチェックリストを確認していきます。オリンピック選手は、プールへ飛び込んだり、山をスキーで滑り降りたり、トラックを走ったりする

準備のために、まったく同じように直前の沈黙を利用しているのです。

◆ 自分自身の儀式を創る

　1992年に、1人の72歳の退職者がカリフォルニア州リバーサイドのバスケットコート内に足を踏み入れ、1回もミスすることなく、2750回の連続フリースローを達成しました。これを達成したトム・アンベリー医師は、自分のテクニックに自信を持ち、『ギネス世界記録』に提出する宣誓供述書に署名してもらうために10人の証人を連れてきていました。しかし、彼は、自分が優れたアスリートではなく、今までもそうであったことはないと、ためらうことなく認めました。では、彼は、どうやってそのような偉業を成し遂げたのでしょうか？彼は卓越したテクニックを持っていたのです。彼は、自分の著書『Free Throw: 7 Steps to Success at the Free Throw Line（フリースロー：フリースローラインから成功に至るための7つのステップ）』の中で、自分にそのような驚くべきコントロールと不変性を与えた、精神と身体の儀式について記述しています。アンベリー医師の毎回のシュートに先立つすべての動きは、変わることのないルーティンの一部でした。シュートとシュートの間の沈黙の中、彼は身体のチェックリストを確認していました。どのように足を据え、どのように呼吸し、何回ボールをつき、どのように指でボールを持ち、どのようにバスケットゴールに目の焦点を合わせたか――すべての動きは2750回正確に同じでした。彼の儀式がまったく変わらなかったので、彼はバスケットボールコートで驚くべき成果をあげることができたのです。アンベリー医師の驚くべき成果が証明したように、不変の儀式は弁護士として同様の成功を成し遂げることにも役立ち得るでしょう。

　スポーツ心理学者は、もし高いレベルのパフォーマンスを望むのであれば、その土台となる不変の精神的身体的儀式が必要だと教えています。この儀式の機能は、繰り返しと練習を通じて、脳が身体をコントロールできるようにし、身体が脳をコントロールできるようにすることです。身体と脳が一緒になって、感情をコントロールすることを助けます。

　どんな時でも効果的なスタイルでいるために、立ち上がって話すたびに、身

次にコントロール
すべきなのは……

目
顔

呼吸
腕

腰

膝

足

体の儀式を工夫しましょう。やがて、このルーティンは、「第2の天性」——
つまり、自然にやっているように見えるが、実際はテクニックと入念な練習の
結果に基づくふるまい——になるでしょう。

　身体の儀式に頼ることで、脳の前頭前皮質（高度な知的機能をつかさどる脳
の領域）は、行ったり来たりしたり、そわそわしたり、ジェスチャーをしたり
することに気を取られなくなり、身体の動作は生来的な自律機能を監督する運
動皮質に支配されるようになります。そうすれば、前頭前皮質は、何をどのよ
うに話すかといった、より重要なことに集中できるようになります。身体の動
作を儀式化することによって、本能に自然な動きやジェスチャーをさせること
ができます。

自分自身の儀式では、足元から始めて、頭まで、身体の上の方へと移動していきましょう。足、膝、腰、呼吸、腕、顔、そして目の位置を定め、正しい位置に調整するために、頭の中のチェックリストを利用しましょう。この簡単なチェックリストをひととおり確認することは、話をするために立ち上がるたびに最善のパフォーマンスを発揮できるように、自分の身体をコントロールできるようにし、自分の身体を正しい位置に位置づけて調整するのに役立ちます。

　下から上に考えていき、身体の各部位に手短に焦点をあててください。身体的な儀式に関する記憶装置のように自分自身の身体を使いましょう。

◆ 下半身をコントロールする

　ほとんどのスポーツでは、選手は適切なスタンスに足を据えることから始めます。ゴルファーはスタンスを身につけてからクラブを振ります。野球選手は儀式的にバッターボックスで両足を据え付け、それからバットを振ります。バスケットボール選手は、フリースローラインでスタンスを見つけ、それからシュートします。弁護士として、法廷の床に足を据え付けることから始めましょう。

足を据え付ける

　心地よい足幅で立ちましょう。靴が当たるほど近い位置に足を置かないようにしましょう。このようなスタンスは、強固で安心できる土台とするには足幅が狭すぎます。スタンスは広くなりすぎないようにしましょう。そうしないと、西部劇のガンマンのようになってしまいます。極端に狭すぎるのと広すぎるのとの間のどこかにちょうどよいスタンスがあります。スキーで滑るときのように、足を完全に平行にして立つことは避けましょう。そのような完全に対称なスタンスは、あなたを、少しやぼったくてぎこちない、不動の姿勢をとる兵士のように見せます。カジュアルすぎるように見えるので足首を交差させないでください。代わりに、両足を少し非対象にし、それぞれを完全な正しい位置からずらして立つことを試してみてください。スタンスを少し非対称にすることで、身体がよりリラックスして見えるようになります。

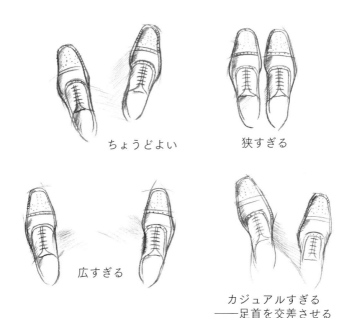

ちょうどよい　　　　狭すぎる

広すぎる

カジュアルすぎる
——足首を交差させる

　自分にとってちょうどよいスタンスを見つけるため、今すぐ、立って、実験してみましょう。できたら、姿見の前で立って、自分のスタンスがどのように見えるか確認してください。一度満足したら、法廷に立つときにはそのスタンスを毎回利用してください。それはすぐに第2の天性になるでしょう。そして、あなたの身体は、アスリートたちのように、考えなくてもそれを自然にすることができるようになるでしょう。

　話す前に、自分のスタンスで立ちましょう。足を据えて静止するまで、一言も言葉を発さないようにしましょう。そして、もう一瞬停止して、ひと呼吸して、床を感じましょう。

静止して立つ

　ニュートンの運動の第1法則は弁護活動にも適用されます。すなわち、「静止中の身体は静止し続ける。運動中の身体は運動し続ける」。足を据え、じっと立つと、あなたは、穏やかで、落ち着いていて、コントロールできているよ

うに見えます。そして、身体は静止し続けます。もし、足がまだ動いている間に話し始めたら、身体は運動し続けます——そして、いつまでも止まらないかもしれません。不規則な動きはあなたが緊張して落ち着かない状態であるように見せます。アドレナリンが、無意識に揺れたり、前後に動いたり、行ったり来たりしたり、足を入れ替えたりするエネルギーを足の筋肉に与えるので、これは自然なことなのです——しかし、好ましいことではありません。そこで、ニュートンの法則に従ってください。プレゼンテーションの初めに足を据えて静止しましょう。

柔軟な膝

儀式の次のステップは、膝と腰を足の上の正しい位置に調整しバランスを保つことです。膝の柔らかさを感じられなければなりません。膝を後ろに押し付けたり、太ももの筋肉を引き締めたり、膝頭を引き上げたりすることによって、膝を固定してはいけません。望ましい柔軟性は、膝関節が浮いた状態で絶妙なバランスを保っているような感覚です。それは、地下鉄に乗っているときの膝と似ていると考えればよいでしょう。つまり、ドアが閉まってバスや地下鉄の車両がまさに動きだすときの膝の調整と似ているのです。前方への動きを感じたら、バランスを保つためにわずかに膝を曲げます。その調整は微妙なもので、事実上目には見えません。膝はしゃがみ込むときのように曲げるのではなく、駅を出発する際、電車が前に急に傾くのを柔軟に吸収できる程度の調整をするだけです。柔軟な膝があれば、長時間立ち続けているときであっても、両足は快適に感じるでしょう。

立ち上がって、簡単な実験でこのかすかな感覚を見つけましょう。まず膝の後ろを固定

して、避けるべき感覚を感じましょう。次に、逆方向に膝を動かすために、少ししゃがむようにしてください。次に、膝関節が浮かんでいて膝の柔軟性もある完璧な中間点を見つけてください。チェックリスト上で、今説明した膝を柔軟にすることを足を据え付けることの次に加え、身体のさらに上の方に進みましょう。

腰を中心に置く

腰を足と膝の上の中心に置きましょう。このようにすることによって、両方の足に均等に上半身の重さを分散させ、それぞれの足に等しく重さがかかるようにします。体重と腰を一方にずらして立つと一時的に快適に感じるかもしれませんが、このような中心を外した姿勢では、片足に体重のほとんどがかかることになります。結局、その足が疲れてしまい、もう一方の足に体重を移すことになります。それぞれの足が順番に疲れていき、他方の足に体重を移動させるので、あなたの身体はしばらくすると左右に揺れ始めます。そのような揺れ動く動きは、聞き手の気を散らし、あなたを緊張しているように見せます。しかし、ここで留意すべきは、身体に緩やかさと柔軟さが一定程度あることが望ましいということです。まるでコンクリートで固められたかのようになるべきではありません。繰り返し揺れ動くことと完全に身動きしなくなることの両方を避けましょう。

ハイヒールを履いている女性は、ハイヒールによって重心が足先へと微妙に前方に移動し、それによりお尻が後方と上方に移動することを認識しましょう。この姿勢は、腰背部の筋肉を収縮させ緊張させます。これに対抗するため、意識して骨盤を足の上の中心に位置づけ、わずかに前方に回転させましょう——ダンサーは、このことを「尾骨を引っ込める」と言います。このようにすることにより、腰背部の筋肉を伸ばして、その筋肉をリラックスさせることができます。

足を据え付け、膝を柔らかくし、腰を中心に位置づけた時点で、あなたは身体の中で最も大きい筋肉を意識的にコントロールできています。つまり、お尻、太もも、そしてふくらはぎです。このことによって、あなたはアドレナリンをコントロールできるようになり、緊張していてもじっと立っていることができ

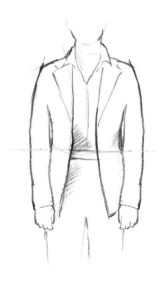 

このようにする　　　　　　こうするのではない

るようになります。法廷で最初に立ち上がるとき、じっと立つことから始めて
ください。それから、その後、裁判官がそれを許す場合には、いつ、どこに動
くか、意識的に決断しましょう。ある裁判官は、証拠を手に持って証言台に近
づく必要がない限り、弁護士は演台[訳注1]の後ろに立っていなければならない
と強く主張します。ある法域では、手続をマイクで録音するため、弁護士は演
台の側にとどまっていなければなりません。もしそのようなことが要求される
状況なのであれば、あなたはそれに落ち着いて従うことができなければなりま
せん。もし裁判官が自由に動くことを認めるのであれば、目的を持って動いて
ください。

［訳注1］　アメリカ合衆国では、法廷の中に、弁護士席や証言台の他に演台が置かれている
　　ことがある。

目的を持って移動する

　あなたの法廷内での移動は、完全に裁判官の裁量に服します。裁判官によっては常に許可を求めるよう要求することがあります。「証人に近づいてもよいですか、裁判長？」。別の裁判官は、あなたの望みどおりの、より一般的な許可を与えてくれるかもしれません。自分の担当裁判官が何を許可するかを知り、自分のふるまいをそれに合わせて調整してください。移動することの許可を得た場合には、あらゆる移動は意識的に目的を持って行いましょう。

　目的を持った移動は、言葉と思考によって動機づけられ、言葉と思考に結びつけられています。目的を持った動きは、新しい話題に入る際に、新しい場所に移動するときに起こります。「ゴメスさん、私たちはあなたの学歴についてお聞きしました。これから次の話題に進み、あなたの職歴に焦点を当てたいと思います」。あるいは、「私たちは、あなたの発明と特許についてお聞きしました。これから、私は、あなたに被告とのライセンス契約について聞いていきたいと思います」。新しい場所に到達したら、質問をすべてし終えるまでそこに残りましょう。このように、目的を持った移動を利用することで、プレゼンテーションの構造が明確になり、陪審の助けになります。その移動は、新しいことが始まる合図であり、意識が散漫になっている陪審員の注目を再び集める手助けをします。気の散った聞き手に再び興味を持つように促すのです。

　移動の判断は、アドレナリンが駆け巡った足の筋肉によってではなく、思考している脳によってなされなければなりません。身体の中で最も大きい筋肉がアドレナリンによって活性化されると、勝手に動き出します。本能とホルモンによって引き起こされるそのような移動は、まさに自然なものです――しかし、それは、自然には見えず、間違いなく望ましいものではありません。手当たり次第に移動することは、足のアドレナリンを使用し消失させるので、心地よく感じられるかもしれません。しかし、無秩序な移動には抵抗し、意味があるときだけ移動するようにしましょう。

　静止から始まる場合に、移動は力を持ちます。なぜなら、静から動への変化は注意を引くからです。絶え間なく行ったり来たりすることは、移動のインパクトを奪います。絶え間ない移動が聞き手の興味を引き続けるなどという馬鹿

な話を信じ込んではいけません。そして、テレビの法廷ドラマで見る頻繁な移動によって判断を誤らないでください。ディレクターは、移動によりカメラのアングルがより興味深いものになることを知っているため、弁護士役の役者は頻繁に動きます。役者が動くとき、カメラは役者に合わせてぐるっと回っていき、その場面に視覚的な変化を与えます。ここでは、視聴者ではなく、カメラが仕事をします。テレビは同じ場所のままですし、視聴者の目もまったくと言っていいほど動きません。実際の法廷では、行ったり来たりする弁護士を見ることを余儀なくされる陪審員たちは、まるでテニスの試合でボールを見るときのように、カメラをあっちこっち向ける仕事をしなければなりません。彼らは、動く目標を追うことにすぐに疲れてしまうでしょう。

　目的なく行ったり来たりすることは視覚的な単調さを作り出します。催眠術師の使う懐中時計のように、律動的な、繰り返される前後の動きは、聞き手を眠らせることができます。あなたが前後に行ったり来たりすれば、あなたは、法廷で陪審員の半数に背中を見せて、持ち時間の半分を過ごすことになります。向きを変え、逆方向に歩いていくときはいつも、何人かの陪審員に背中を向けることになります。陪審員たちは、あなたの顔ではなく背中を見ることになり、つまらなくなってくるでしょう。足を据えて陪審員に顔を向け、中央の位置に立つ方がよいでしょう。新しい位置に目的を持って移動したら、そこでまたじっと立ちましょう。陪審員はあなたの顔を見ることができ、あなたは陪審員の

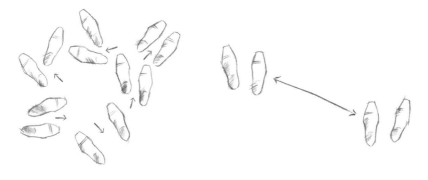

落ち着かないときのダンス　　　　　　　目的を持った移動

目を見て真実を伝えることができます。目線を合わせること——説得力のある
スタイルの鍵となる要素——は、歩いて行ったり来たりしている場合にはでき
ません。

　どれだけ移動を用いるかは、個人のスタイル（と裁判官の裁量）の問題です。
優秀な法廷弁護士の中には、めったに動かない人もいます。一方、他の同じく
らい印象的な弁護士の中には、頻繁に移動を用いる人もいます。いつどこで動
くかについて論理的な決断をしましょう。話題の領域——通常は最も重要な話
題になるでしょう——を選び、それに関する議論に移り変わる合図として移動
することを計画しましょう。移動を前もって計画し、練習することで、狙った
効果が得られるかどうか確認することができます。移動することはスタイルの
選択です。しかし、それは効果的な弁護に不可欠ではなく、効果的な弁護の条
件でもありません。もし、移動することがあなたに合うと感じられない場合は、
気にしないでください。

　足を据え、膝を柔軟にし、腰を中心に置き、じっと立ち、目的を持って移動
する能力を一旦習得すれば、身体の腰から足までの部分を意識的にコントロー
ルすることができるでしょう。あなたは、部屋の中で、自分の姿勢をコントロ
ールすることができるでしょう。次のステップは、深い呼吸を起こす身体の真
ん中——下部胴体——に焦点を当てることです。

◆ 戦略的な呼吸

　儀式化することが弁護士にとって最も役立つテクニックの１つでありながら、
最もシンプルなテクニック、それは意識的に呼吸することです。呼吸する方法
はあなたの感じ方、考え方、話し方に直接関連します。一度、呼吸を意識して
コントロールすることを学べば、それは、自分を落ち着かせ、声の通りをよく
し、脳に酸素を送り込むことに関して、あなたの助けになるでしょう。これら
の３つの重要な利点は呼吸する方法をコントロールすることから生じます。

　感情をコントロールするために呼吸を利用するテクニックは広く理解されて
います。ある人が興奮状態になったとき、私たちはしばしば「興奮しています
ね——深く息を吸って」と言います。実際、何回か深呼吸をすることは人を落

ち着かせる効果があります。なぜなら、呼吸と感情とは直接関連しているからです。リラックスして、くつろいでいるとき、私たちは、より長く息を吸って、よりゆっくりと息を吐く呼吸をします。緊張し、不安を感じ、あるいはパニックに陥っているとき、アドレナリンが私たちの呼吸を速くします。

　まさに今この本を読んでいる間、あなたは無意識に呼吸をしています。もし、この文章を読んでいる間、呼吸を速くすれば、あなたは呼吸と感情との間の結びつきを感じ始めるでしょう。やってみてください。呼吸を速く、浅くしましょう。より速く呼吸すれば、感情的な反応がより引き起こされます。次に、読み進めるにつれ、さらに速く、大きく呼吸をし、パニックの際の呼吸器系の活動を再現し始めましょう。活動が感情を引き起こし始めます。もし緊張しているときのような呼吸（速くて浅い呼吸）をすれば、あなたも緊張を感じ始めます。これは不思議なことではありません──過呼吸を起こし始めているのですから！

　幸運なことに、この逆もまた真実です。心地よくくつろいでいるときのように（たとえ、そのときそうでなかったとしても）呼吸をすれば、その意識的な呼吸の動作が緊張をコントロールする手助けとなることがあります。休暇中に芝生の上の椅子の上で横になっているときにするような長い深呼吸をすれば、より心地よい感情を引き起こすことができます。あなたは、自分の感情に対応した呼吸をし、自分の呼吸に対応した感情を抱きます。戦略的により長く息を吸って吐く呼吸をすれば、最も心地よいときの身体の呼吸器系の活動を再現することができます。読み進む際に、何回か、リラックスして、意識的に、肺いっぱいに息を吸いましょう。違いを感じましょう。

　ゆっくりとした腹式呼吸の活動はより心地よい感情を引き起こします。このテクニックが緊張を消し去ることはありませんが、あなたが感じるかもしれない不安を和らげるのに役立ちます。

　自然に呼吸をしているとき、呼吸器系は自律神経系によってコントロールされています。これは、心臓の鼓動やまばたき、他の生命機能を司っているのと同じ神経系です。しかし、あなたはいつでも自律神経系を無効にし、呼吸器系を自ら優先的にコントロールすることができます。そのようにして意識的な呼吸をすれば、気持ちが落ち着き、気が楽になります。

意識的な呼吸の力学

　肺は胴体の上部に位置しており、胸郭によって守られています。横隔膜は、肺の下に位置するドーム状の筋肉で、生命維持に必要な臓器の上にあり、呼吸において最も重要な機能を果たしています。肺に息を引き込むとき、横隔膜の筋肉は、腰に向けて下方向に平たくなり、部分的な真空を作って肺に空気を引き込みます。横隔膜が下に動くと、腹壁は前に動き、肋間筋が胸郭をわずかに外側に引っ張ります。肺に空気が入ると、横隔膜が平らになるにつれ、臓器は押し下げられ、前に押し出されていきます。これが、肺は胴体の上部にあるにもかかわらず、深呼吸が胴体の下部で起こる理由です。深呼吸の際に前に動くのは腹壁あるいはお腹です。深呼吸をするとき、下腹が、服のベルトやウエストバンドをやさしく前方に押すのを感じるはずです。これは大きな動きではありません。あまりにわずかな動きだと驚かないでください。肺が広がるにつれて肩が上がることがないことにも注目してください。胴体の上部や肩が激しく上下するのは激しい運動をしたときだけです。

　意識的な深い呼吸の効果を最大限に感じるため、次の練習をしてみましょう。まず、肺に空気を吸い込んでください。今度は、肺を空にしましょう。息を吐くときに、空気の分子を1つ残らず吐き出すようにしてください。肺が完全に空になるようにがんばってください。再び息を吸いたくて我慢できないと感じるまで吐き出し続け、それから、最後に残ったわずかな空気を吐き出してください。最後に、肺が完全に空っぽになったと感じたら、息を吸ってください。空気が再び肺に流れ込んでくるのを感じてください。それが、本当に深い、最大限の呼吸です。もう一度やってみてください。息を吐き出して肺を空にし、そして、息を吸う際に再び空気が流れ込むのを感じてください。呼吸に関連する筋肉を活性化させましょう。法廷で話すときには、これらの筋肉は長時間しっかりと働かなければいけません。話すときにこのように肺を空にすることはないでしょうが、使われていない容量が驚くほどあることを理解しておくことは重要です。

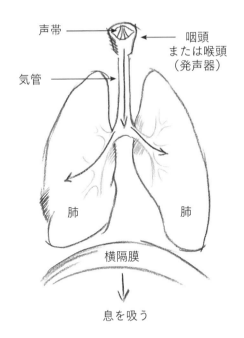

声帯

咽頭
または喉頭
（発声器）

気管

肺

肺

横隔膜

息を吸う

　自分の呼吸を意識的にコントロールできるようになる時期が早ければ早いほど、あなたの感情はよりよい状態になります。法廷の弁護士席に歩き着くまで自分の呼吸について考えるのを待つようなことはしないでください。その時点よりもずっと前にコントロールしましょう。立ち上がる数分前、相手方代理人が尋問を終えそうになっていると気づいたら、何回か意識的に深呼吸をしましょう。もっとよいのは、このような意識的な呼吸を何時間も前からすることです。裁判所の階段を上がるときに深呼吸をしましょう。裁判所に向かって車を運転しているとき、周期的にゆっくりと３回息を吸って吐きましょう。朝、目覚ましを止めて、その日の手続のことを思ってアドレナリンの最初の噴出を感じたら、ベッドから出る前に、何回かゆっくりと深呼吸をしましょう。

　意識的な呼吸は、本番のずっと前から多くの弁護士を悩ませる将来に関する悩みを避けて通るための非常によい方法です。もし、不安の発作のスパイラルに自分が落ちていっていることに気づいたら、このように指示して自分自身を止めてください。「今すぐに戦略的呼吸をしなさい」。その時点で意識的な呼吸

をすることは、自分ではコントロールできない将来のことについて考えることから気を逸らせてくれます。

　もし、あなたが合唱団で歌ったり管楽器を演奏したりすることがあれば、意識的で深い呼吸をするために、似たようなテクニックを使ったことがあるかもしれません。そのような呼吸は腹式呼吸として知られているものです。ヨガや武道をする人たちは、胴体の深部で意識的な呼吸をします。アスリートたちは、競技の準備のための儀式の一部として、深呼吸を活用することを学びます。同じように、戦略的な呼吸はあなたのパフォーマンスを向上させるでしょう。

息を中に吸い込み、外に出して話す

　よりよい状態になるために意識して呼吸できるようになったら、第2の目的──もっと上手に話すこと──を達成するために同じ呼吸を使いましょう。話すことと呼吸との関係については第3章でもっと全面的に説明しますが、準備のための身体の儀式の一部として、ここでそのことについて触れておくことは重要です。

　舞台役者は舞台上で話すことと呼吸との関係を「息の支え」と呼んでいます。肺の中の空気の量は、声を支え、声が通るようにするものです。声は、肺にある空気の量に比例して大きくなります。空気が少ないということは、音量が下がるということです。より多くの空気があれば、より大きな音量が出ます。もし、話す前の呼吸を意識的にコントロールすれば、話すために口を開いたときに、より多くの空気を利用することができるようになります。もし、あなたが、生まれつき声が小さいのであれば、音量を上げる方法は1つしかありません。空気をもっとたくさん使ってください。大きな声で話すためには肺からより多くの空気を出すことが必要なのですから、息を吸うときにより多くの空気を肺に入れなければいけないことは明らかでしょう。そうすれば、その空気を用いて声により強い力を与えることができます。あなたは肺から息を吐き出して話しているのです。

　ロンドンの卓越したヴォイスコーチであるパッツィー・ローデンバーグは、話すことの力学について「息を中に吸い込み、外に出して話す（breathe in, speak out）」と表現します。肺を空気で満たすために息を吸い込み、それから

空気が外に戻っていくのに伴って話しましょう。息は気管や喉頭を上っていき、そこで通り抜ける空気の力により声帯が振動します。肺が空気でいっぱいのときに話し始めましょう。息を吐いた後に話そうとする間違いは犯さないでください。息を中に吸い込み、肺いっぱいに空気を満たしてから、それを外に出して話すのです。

思考する脳に酸素を送る

あなたは、意識的呼吸の3番目の利点を発見するでしょう。より効率的に呼吸をすればするほど、肺の中の酸素量が増加します。その酸素は血液の流れに乗って、体内を——脳を含めて——循環します。脳は、体内に取り込まれる酸素のおよそ20%を必要とします。効率的で深い呼吸をすればするほど、肺に、血流に、そして最終的には脳に供給される酸素が豊富になります。呼吸はあなたが素早く明晰に考えることを手助けします。

呼吸は、あなたの感情をよい状態にし、あなたが上手に話し、よく考えることを手助けします。そのため、意図的な呼吸をより早く始め、それをより一貫して行っていればいるほど、よりコントロールできるようになるでしょう。足を据えてじっと立つことによって足のアドレナリンをコントロールすることができるのと同じように、呼吸をコントロールすることで、アドレナリンが呼吸器系を加速させることを防ぐことができます。次の課題は、アドレナリンの大きなエネルギーを導き、解放し、身体の外に適切に放出できるようにすることです。そして、そのためには、腕や手、そして肩を使う必要があります。

◆手の扱いをどうするか？

多くの弁護士はこの問いに苦悩しています。見た目や雰囲気が自然になるようにしたいのですから、自然にジェスチャーをするように自分に言い聞かせるのは、合理的に思えるかもしれません。しかしそれは、それほど簡単ではありません。なぜなら自然なジェスチャーはほとんど気づかれていないからです。「自然にジェスチャーをすること」はせいぜい答えの一部にすぎません。

手の扱いをどうするかという質問について、よくある間違った答えは「ジェ

スチャーをするな」です。一部の人は、ジェスチャーは弁護士にとって不適切であるという昔ながらの信仰に固執しています。法律を学ぶ学生たちや弁護士たちは、ジェスチャーは聞き手の気を散らすという理由で、手を演台の上に置くか、自分の身体の横にやるようによく指示されます。この信仰には3つの問題があります。(1)それを裏づける科学的証拠がないこと。(2)ジェスチャーを抑止することは完全に不自然であること。そして、(3)効果的な弁護活動をしている弁護士たちが行っている方法ではないこと。もし、あなたの目的が法廷で自然にすることだけであれば、立つときに腕を横でぶらぶらさせたり演台をつかんだりすることは、最悪の答えではないでしょう。

　しかし、ジェスチャーは気を散らせるという主張は、信頼のできない噂の最もよい例です。ジェスチャーを研究している脳神経科学者と社会科学者は、ジェスチャーと言葉が、人間の脳の中で密接に結びついていることを発見しました。神経学と認知科学の分野の研究は、ジェスチャーをすることが、話すことと考えることの不可欠な構成要素であることを合理的疑いを超えて証明しています。自然に見え、自然に感じられ、自然に話し、自然に考えるためにはジェスチャーをしなければなりません。ジェスチャーは、言語の意味を強めるだけではなく、アドレナリンのエネルギーを身体に導いて解放してくれます。

　誰もがジェスチャーをしています。たくさんする人もいればあまりしない人もいます。しかし、会話においては誰もがジェスチャーをし、特に、説得的に話しているときはそうです。これを読みながら、あなたは、「いや、私はジェスチャーをしない！　自分がジェスチャーをしないことは自分でわかっている」と言っているかもしれません。あなたは気づいていないかもしれません——まだ。なぜなら、ジェスチャーは意識的な知性によってコントロールされているわけではないからです。それらは、本能によってコントロールされているのです。

　この原則をより理解するために、人がどのようにお互いに話しているか、観察し分析することを始めましょう。自分自身のジェスチャーに注目し始めましょう。友達、家族そして同僚との会話中、手はどうしていますか？　話している間に手がどれほど頻繁に動いているかに気づいてください。その動きはどれくらいの大きさでしょうか？　ジェスチャーのパターンはどれくらいの時間継

続しているでしょう？　他の人も観察してみましょう。ジェスチャーを意識するようになればなるほど、あなたは、以前はまったく気づくことがなかった、驚くほど多くのコミュニケーションが——文字どおり目と鼻の先で——行われていたことを発見するでしょう。

自然なジェスチャーの科学

　イタリアへの旅行の後、心理学者のジャナ・アイバーソン博士は、その旅行に触発されて、ジェスチャーの起源の研究を始めました。彼女の研究は次の疑問を提示しました。私たちは他人がジェスチャーをするのを見ることによってそれを学ぶのでしょうか？　言い換えると、子どもたちが言葉を学ぶ際の観察と模倣によってジェスチャーは育まれるのでしょうか？　それとも、それは人間の脳にもともと備わっているものなのでしょうか？——私たちのジェスチャーは、育まれたものではなく生まれ持ったものではないのでしょうか？　彼女の研究は、生まれついて目が見えない子どもたちが他者と会話をする様子を対象にしました。

　アイバーソン博士は驚くべきことを発見しました。生まれついて目が見えない子どもたちも、話すときにジェスチャーを使います。たとえ、相手が目が見えないことを知っていても使います。子どもたちは、目が見える管理されたグループと同じようにジェスチャーをしました。ジェスチャーをまったく目にしたことがないのにどうしてジェスチャーができるのでしょうか？　アイバーソン博士の研究は、ジェスチャーの流れと言葉の流れとの間にある脳の中の生来的な結びつきを明らかにしました。アイバーソン博士は「これまで一度もジェスチャーを見たことがない人が、見えないとわかっている相手にもジェスチャーをするという事実は、ジェスチャーをすることと話すこととが、私たちの脳の中で何らかのとても根源的な方法でしっかりと結びついていることを示している」と記しています。ジェスチャーは話し手が言葉を生み出すことを助けるだけではなく、言われていることを聞き手が理解することにも役立ちます。

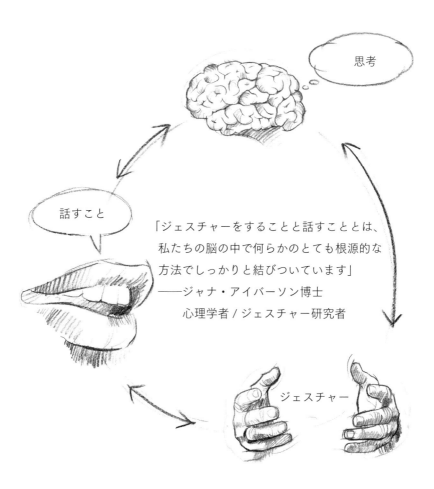

思考

話すこと

「ジェスチャーをすることと話すこととは、
私たちの脳の中で何らかのとても根源的な
方法でしっかりと結びついています」
──ジャナ・アイバーソン博士
心理学者／ジェスチャー研究者

ジェスチャー

　学術誌『Research on Language and Social Interaction（言語および社会的相
互作用の研究）』は『Gesture and Understanding in Social Interaction（社会的相
互作用におけるジェスチャーと理解）』という特集号を発行しており、その中で、
考えること、話すこと、ジェスチャーをすること、そして聞くことの間にある
重要なつながりが研究により明らかにされました。ある研究は、話にジェスチ
ャーが伴う場合、ジェスチャーが欠けている場合と比べて、話された文章の理
解度が2倍にもなることを報告しています。別の研究では、被験者たちは短い

物語を聞かされ、その後にその物語を部分的に書き取ったものを与えられ、欠けている部分を埋めるように求められました。研究者たちは次のように結論づけました。「明確に定義づけられたジェスチャーを伴った部分の物語はより正確に埋められた」。言い換えると、ジェスチャーは、言われたことを聞き手が記憶する手助けをするのです。

　この論文集の中の別の研究は「人は、音声に付随するジェスチャーから情報を得ており、それを音声により伝達された情報と統合している」　ことを見つけました。ジェスチャーは、聞き手に重要な情報を供給することができます。他の研究は次のとおり結論づけています。「ジェスチャーは、スピーチと一体となって、話された言葉のより完璧な理解を受け手にもたらすことができ、時には理解のための決定的な要素を提供することすらある」。ジェスチャーは、意図や視点、そして理解のための決定的な要素についてのちょっとしたヒントを与えます。それは、裁判官、陪審あるいは仲裁人が、あなたの話していることをよりよく理解できるようにします。すべての研究がこのような結論を示しています。だから、人が、あなたの言うことに従い、あなたの言うことを記憶し、あなたの言うことに説得されることを望むのであれば、あなたはジェスチャーをしなければなりません。

　ジェスチャーは、また、言おうとしていることを記憶すること——そして、それをよりよい形で言うこと——をも手助けします。ペンシルバニア大学の研究員アダム・ケンドンは、ジェスチャーは話し手が記憶から正しい言葉を思い出させる手助けをすると主張しています。学術誌『Psychological Science（サイコロジカルサイエンス）』には、シカゴ大学のスーザン・ゴールディンメドウ博士と彼女の同僚による次のような発見が報告されています。記憶された単語のリストを思い出す間にジェスチャーすることを許された人は、許されなかった人より、平均して20％多く思い出すことができました。言い換えると、ジェスチャーをすることは言葉の記憶と言葉を記憶から取り出すことを手助けするのです。もし、ジェスチャーをすることで言いたいことを記憶して思い出す能力が20％も向上するのであれば、ジェスチャーをすることがあなたの説得スタイルに必要不可欠な要素であることは明らかでしょう。

　スピーチ、ジェスチャー、そして理解の間の密接な関係についてのさらなる

科学的な根拠は、スーザン・ゴールディンメドウ博士の『Hearing Gesture：How Our Hands Help Us Think（ジェスチャーを聞く：手はどのように考えることを助けるか）』だけでなく、デイビッド・マックニールの『Hand and Mind（手と心）』の中にも見つけることができます。神経学者フランク・R・ウィルソンの『The Hand: How Its Use Shapes the Brain, Language, and Human Culture（手：その利用がどれほど脳、言語、そして人類の文化を形作るか）』は、この論点について人類学的な視点を提供します（参考文献を参照してください）。

自然なジェスチャーの芸術

ジェスチャーの科学はジェスチャーの芸術ともぴったりと適合します。このことは英語圏で最も偉大な脚本家によって表現されています。ウィリアム・シェイクスピアは、『ハムレット』において題名になった登場人物を介して、次のような実用的な提案をしています。ハムレットによる役者たちへの助言と呼ばれる演説の中で、シェイクスピアの指示は簡潔です。「言葉に合わせた動き

をし、動きに合わせた言葉を発しなさい」。

彼の助言は、アイバーソン博士の「ジェスチャーをすることと話すこととは、私たちの脳の中で何らかのとても根源的な方法でしっかりと結びついている」という見解を裏づけています。ジェスチャーが話している言葉にふさわしいものとなり、言葉が手の動きと論理的に整合することについて、芸術と科学とは同じ結論に達しています。ジェスチャーは、感情的なものや芝居じみたものではなく、論理的なものなのです。

自分自身のジェスチャーを一気に活性化させる

あなたには、座っているときであろうと立っているときであろうと、話しながらジェスチャーをした経験がこれまでの人生の長さの分だけあるはずです。あなたの身体は、すでに、本能的かつ無意識的に、どのようにジェスチャーをするかを知っています。しかし、毎回のプレゼンテーションの始めからジェスチャーを活性化するためにはテクニックが必要です。ジェスチャーが出てくるようにするためにジェスチャーについて考えましょう。そして一旦、ジェスチャーが出始めたら、ジェスチャーについて考えることをやめましょう。

自然なジェスチャーの引き金を引くことは、あがってしまった車のバッテリーを活性化させることに似ています。充電されているバッテリーから瀕死のバッテリーへとブースターケーブルをつなぎます。イグニッションキーを回したとき、充電されているバッテリーは、あがってしまったバッテリーを活性化します。一度、エンジンが動き出せば、あなたは、電気が流れていることを確信し、ブースターケーブルを取り外して、ボンネットをばたんと閉め、その車で走り去るでしょう。

プレゼンテーションの一番始めの部分では、ジェスチャーの本能は、自意識や不安、あるいはジェスチャーが気を散らしてしまうという間違った考え方によって凍りついており、マイナス20度の状態にある車のバッテリーと同じくらい動きません。ジェスチャーを活性化させるために、脳をエネルギー源として捉えましょう。ジェスチャーをする本能に、意識的な思考というブースターケーブルをつなぎ、キーを回しましょう。最初に意識的にジェスチャーをし、言葉に合わせた動きをしましょう。そして、ジェスチャーのエンジンが回ってい

るかを確かめましょう。

最初に感覚をつかむ

　ギターの弾き方、タンゴの踊り方、あるいはゴルフクラブの振り方を学ぶとき、コツをつかむまでは、最初は、少しぎこちなく見えたり感じられたりするかもしれません。新しい身体的な技術を学ぶとき、必要とされる動きについて懸命に考えることから始めます。これは脳の前頭前皮質で起こるプロセスです。ギターの弾き方を習うとき、苦心して1つひとつのコードについて考えます。人差し指をここに置いて、中指はそこで、薬指はそこで、小指はここ。あなたはそれぞれのコードに集中し、そして間違えるでしょう。あなたの弾き方は少し不器用に感じられます。しかし、一度感覚をつかみ始めると、運動皮質が取って代わります。筋肉記憶がギターの弦に指を置いていきます。あなたが「Cメジャーコード」を考えるとき、指はどう動くべきか知っています。

　同様に、意識してジェスチャーをすると、最初に試したときは不自然に感じられるかもしれません。でも、驚かないでください。そのジェスチャーは自然なのです。ただ、そうするように手に指示する脳の意識的活動が不自然なのです。それは技術的なことで、最初にやり方を学び、練習をする必要があります。十分な練習をすれば、それは第2の天性になります。ゴルフやテニスのような新しい技術を学ぶのとは異なり、原始的本能の引き金を引くだけでよいのです。ジェスチャーをすることは、わかりやすいスタイルに必須の要素です。最初ちょっとうまくいかないからといって、くじけないでください。感覚をつかむまで技術の練習をしましょう。

　ジェスチャーは独自の個人的なスタイルで行われるものの、誰にでも応用できるいくつかの一般的なやり方があります。自分自身や他の話し手のジェスチャーを観察しているとき、それがどれほど大きいか、いつまで続くか、それらがどのように言葉と関連しているかに特に注意を払ってください。ジェスチャーしているときの具体的な手の形や、動いていないときに手がどこで休んでいるかに注目してください。話し手の顔に焦点を当てるより、彼らの手を観察しましょう。

ジェスチャーの領域

　自然なジェスチャーは、観測でき、数値化できる性質をもちます。たとえば、会話の際のジェスチャーは驚くほど大きいものです。それは私たちが「ジェスチャー領域」と呼んでいる身体の前の領域を通って動き、流れます。この領域はだいたい高さ２フィート（約61センチメートル）、幅４フィート（約122センチメートル）の大きな長方形の空間です。それは、腰から鼻まで垂直に広がっています。ジェスチャーの際に手が腰から下や肩から上に行くことはめったにありません。この領域は身体の両方の外側に水平に約60センチメートル広がっています──それは、ほぼ腕を伸ばしたときの長さです。座っているときでも、ジェスチャーは決まってこの領域いっぱいに行われます。

　モール、レストラン、あるいは空港で座っているときに、周りで行われている快活な会話を観察し、見えるジェスチャーの大きさに注目しましょう。会議で座って他の人が話すのを聞いているとき、話している人の手に注目しましょう。テレビや映画の中で人々がどのようにジェスチャーをしているか見てみましょう。ジェスチャーを観察するために音声を切ってテレビを見てみてください。自然なジェスチャーが本当はどれだけ大きいかに驚くでしょう。スーザン・ゴールディンメドウ博士の本の題名が勧めているように、ジェスチャーを聞くことを始めてください。人が口にしている言葉を聞きつつも、目は彼らの手を観察しましょう。ジェスチャー領域の大きさを観測し、話していることとジェスチャーとの間の明らかなつながりを理解しましょう。

　ジェスチャーは、しばしば肩から手にまで及ぶ腕全体に関係します。このことは、すべてのジェスチャーが大きく、広がりのあるものであると示唆するものではありません。多くはそうではありません。しかし、多くが上肢全体を使います。心地よく領域を満たすように腕を広げましょう。「腋の下に空気が入っている」と感じたとき、自分のジェスチャーが十分に大きいことがわかります。

　腕全体を使うことで、手首や前腕のみでジェスチャーするという、緊張している話し手がしばしば陥る落とし穴を避けることができます。不安を感じている弁護士たちは、まるで肘が肋骨に固定されているかのように、身体に上腕を

ぴったりと付けています。これは、ジェスチャーの領域を狭めるだけではなく、ジェスチャーの大きさを制限し、それを不自然に見せ、不自然に感じさせます。より小さなジェスチャーはこわばってぎくしゃくして見えます。そして、ジェスチャーの領域は窮屈になります。身体の自己防衛本能は、生命維持に必要な臓器を守るために、その前に手や前腕を維持させ、ジェスチャーをためらいがちで、抑制的なものにします。そのような中途半端なジェスチャーは、単に話し手の不安をさらけ出すだけで、話の意味を明確にすることに役立ちません。それらは、表現豊かな話し方を補助し強化するのに十分な時間続きません。シェイクスピアが提案する、動きを言葉に合わせることができていないのです。

　ジェスチャーは、大きくて領域を満たしていることに加えて、しばしば長い時間持続します。こぶしを握る動き、中指を立てる下品な動き、親指と人差し指で丸を作って「ＯＫ」を示す動きなどの比較的短時間の動作とは異なって（これらの象徴的で文化的に特定の意味を持つジェスチャーは、会話におけるジェスチャーの流れるようなパターンとは持続時間が根本的に異なります）、

会話でのジェスチャーのパターンが、何秒間くらい動き、生き生きとした状態を保つのかを観察しましょう。すなわち、何分間も、止まることなく話しながらジェスチャーをし続けることは、特に力強く説得的に話しているときには珍しいことではありません。実際、力強く説得的に話すためには、長く、なめらかで、緩やかなジェスチャーをしなければならないのです。

ジェスチャーの衝動

言語が強調を必要としているにもかかわらず、強調的なジェスチャーができないとき（緊張によるにせよ、ジェスチャーをすることが不適切であるという考えによるにせよ）、本能が必ず適切でない何らかの形で表れてきます。それは、指をぴくぴくと動かしたり、手首をひねったり、前腕をぱたぱたと素早く動かしたりするなどの形で表れます。これらは完全なジェスチャーではありませんが、ジェスチャーをしようとする衝動や試みであり、身体が本能的にジェスチャーをしようとしているのに、それが自意識または緊張によって妨げられたことを明らかにしています。これらの衝動を注意深く観察すれば、衝動と言葉の間にある直接的な相関関係を見いだすことができます。それぞれの衝動は、単に緊張によって落ち着かなくなっているのではありません。それは話していることとジェスチャーとが脳の中でつながっていることを示しています。手は、どの言葉が重要で強調が必要なのかを本能的に知っています。ジェスチャーへの衝動は、話していることの意味を明らかにするキーワードのときにとりわけ起こります。

ジェスチャーが抑制され、指をぴくぴく動かしたり、前腕をぱたぱたと動かしたりするだけにとどめられたとき、聞き手はその結果を言語表現で聞くことになるでしょう。ジェスチャーが抑えられたとき、話は単調になりがちです。言葉に伴わなければならないジェスチャーがない、あるいはそれが力不足だと、考えを明瞭にかつ強調して伝えることができません。あなたの言葉だけでなく、聞き手も苦しみます。

もし、ジェスチャーの衝動がどれほど強いか疑問があるのであれば、人々が、話をしている間、どれほど頻繁にポケットに手を入れているかを考えてみてください。手をポケットの中に深く押し込んでいるときでも、手はじっとしてい

ることができません。手は小銭をじゃらじゃらと鳴らし、何かをいじり続けます。ジェスチャーの衝動は消えません——それは単に置き換えられるだけで、時にはメッセージと聞き手の両方に不利益になる形で置き換えられます。

　要約します。話し始めるとき、最初のジェスチャーを緩やかでなめらかにしましょう。なぜ、よい話し手に対する誉め言葉として、「彼女はとってもスムーズだ！」というのでしょう？　それは、文字どおりそうだからです。自然なジェスチャーは、緊張している話し手による無理に作られたような短いジェスチャーよりも、大きく、長く続くものなのです。それらは、ぎくしゃくしておらず、なめらかで、速くなくゆっくりとしているのです。ジェスチャーと、話すこと、考えることとの相互関係からすれば、腕や手の動きをなめらかにすれば、話す言葉の伝達や、精神の流れもなめらかになるでしょう。

◆ レディポジション

　誰もが常にジェスチャーをしているわけではありません。それは熱心にジェスチャーをする人でも同じです。ジェスチャーの流れは、動作と停止、つまり、手を動かしているときと、そうでないときとを交互に繰り返します。手には準備ができていることを示すニュートラルな場所が必要です。それは身体的儀式のチェックリストの一部にできるでしょう。話す前に、手がジェスチャーをする体勢にあれば、ジェスチャーは自然に流れ出るでしょう。

　このような準備のできた姿勢、つまりレディポジション（ready position）の概念は、経験を積んだ弁護士を観察して、「ジェスチャーをしていないときに手をどこに置いているか？」という質問をすることで得られます。その答えは、ウエストの高さで緩く触れている、です。手と前腕はエネルギーを与えられて準備ができた状態にあり、それは腹部に押し付けられていません。両手の触れ合い方は緩やかで、きつくはありません。腹部と前腕との間にはほんの少しの空間があり、離れています。

　この姿勢の論理を検討しましょう。レディポジションでは、上腕の筋肉が少し縮められ、ウエストの位置に手を維持します。そのような筋肉の緊張がなければ、手はウエストの下の、古典でいう「イチジクの葉」の位置に落ちて股の

前に行儀よく置かれることになります。イチジクの葉は、緊張している弁護士が最初にとる準備のできていない姿勢です。もしエレベータやATMの順番を待っているのであれば、イチジクの葉は完全に自然な休憩の姿勢なのですが、このウエストより下に手がある姿勢は、腕と手を、エネルギーが低く、ジェスチャーをする準備ができていない状態に置くことになります。腕がだらりと垂れているときに、ジェスチャーの本能はなかなか働くことができません。

　その他の流れるようにジェスチャーができなくなる手の位置は、イチジクの葉の逆（背後で他方の手を握る姿勢、あるいは軍隊でいう「休め」の姿勢）や、手を演台に置いたり、弁護士席のテーブルにもたれたりする姿勢です。レディポジションは、手がその働きのほとんどを行っている位置と同じ位置に手を置くのでうまく機能します。それは、身体の前で、ウエストの高さで、すぐに動き出せる構えです。

　あなたが手に本を持ってそれを読むとき、手がどこにあるか考えてみてください。──それはあなたの身体の中心の真ん前ではないでしょうか。それは、

食べるとき、書くとき、コンピュータを使うとき、携帯電話を使うときに腕と手がある位置と同じ一般的な位置です。もし、自然なジェスチャーをしたいなら、手が働いている間に最も長い時間を過ごしている場所に手を置いてください。

　ほとんどの人は、レディポジションとして、上腕二頭筋に少しエネルギーを加え、肘を90度に曲げてへそのちょうど前の位置に置きます。このとき、両手は、ウエストから鼻まで上下に広がるジェスチャー領域のちょうど一番下にあります。話す前にこの位置に手を置き、ジェスチャーをしないときはその位置に戻ることによって、ジェスチャーをする本能を呼び起こすことがより容易になることがわかるでしょう。

「目に見えない」レディポジション

　講義のとき、私たちは聴講者たちにいつもきまって「今、話し始めてから40分になります。もし、私がジェスチャーをしていないときに、手をどこに置いていたか気づいた人は手を挙げてください」と言います。どれだけの手が挙がるでしょう？　まったく手が挙がらないことはよくあり、数人だけが手を挙げることが時折あります。これは不思議なことなのですが、レディポジションは見ているほとんどの人の目には入らないのです。これは、レディポジションにある話し手の手は、まさに聞き手の目の高さにあるという事実にもかかわらず言えることです。では、どうしてそれは事実上見えないのでしょうか？

　聞き手は目に焦点を合わせ、手に焦点を合わせることはしません。だから、レディポジション──すなわち、手がへその前で緩く触れている状態──は、あなたの話を聞いている事実認定者によって意識的に見られることはないと考えて間違いありません。それは目に見えないのです。ライブであれテレビであれ、あらゆる種類の話し手をよく注意して見てください。すると、あなたはレディポジションを頻繁に目にすることでしょう──地元の気象予報士、トークショーのホスト、あるいは紛争地帯からのテレビニュースのレポーター。彼らは、皆、レディポジションを使っています。しかし、あなたはそのことに気づいたことはなかったはずです。以前は見えなかったところを見ましょう。

絶対はない

手をポケットに入れたり、後ろにやったり、イチジクの葉の位置に置いたりすることは絶対にしてはならないのでしょうか？　絶対ということはありません。そのような位置は、すべて、時折利用できる実行可能な選択肢です。問題は、それがいつかということです。少しの間、イチジクの葉の位置や、イチジクの葉の反対側の位置、ポケットの中、または演台の上に手を置いても、それは問題ありません。しかし、一旦手がこれらの休憩姿勢の1つに逃げ込んでしまった場合、手は本来望ましい時間よりも長くそこにとどまってしまうことには気をつけてください。なぜなら、身体は、休憩状態を続ける傾向があるからです。プレゼンテーションの始まりに休憩姿勢をとることは避けましょう。しかし、一度ジェスチャーの本能を解放し、その本能が活性化すれば、手が様々な位置へと順に移動していくことは完全に許容されます。

多様性は人生のスパイスであり、弁護活動のテクニックのスパイスでもあります。目撃者が質問に答えるのを聞いているとき、陪審員の目は目撃者に集中するのであって、あなたにではありません。そのような瞬間は、手を置く代替的な位置の1つを選ぶ機会としては完璧です。ただ、そこにあまり長くとどまらないでください！

準備ができていることの仕組み

レディポジションでは、様々な方法で両手が互いに触れる可能性があります。それがどのような触れ方であろうと、両手をそわそわさせずに静止させている限り、問題はありません。手を揉むこと——緊張しているときによくあることです——は、アドレナリンが手にエネルギーを与えた結果、手が互いにこすり合うために起こります。その代わりに、ジェスチャーをすることにこのエネルギーを利用しましょう。ジェスチャーを解き放ち、ジェスチャーが流れ出す準備ができている状態でありつつ、両手がじっとしていることが重要です。長時間、あなたのへその前に前腕をこぢんまりと置いて休ませてはいけません。それは休憩しているのであって、準備ができていることではありません。

すぐにジェスチャーを始めることができるよう、レディポジションをとりま

しょう。もし、あまりに長い間レディポジションのままでいると、修道会にでも入ったのかと思われてしまいます。祈るときのように指を組もうとする身体の衝動に抵抗しましょう。そのようにしてしまうと、あなたは、両手を分離することが難しいことに気づくでしょう。このように指が組み合わさっている場合、指のちょっとした力でさえ、両手をがっちりと動かなくしてしまうのです。

　もし、あなたが、胴が長かったり、腕が短かったり、おなかが出ていたり、妊娠中であったりすれば、身体に合わせるために手や腕をより高い位置やより低い位置に調整することが必要かもしれません。肘は90度のままでありつつも、手が開放的で、ジェスチャーの準備ができている位置を見つけるため、色々試してみましょう。

秘密の握手

　レディポジションのうち、とりわけ役に立つものの1つは「秘密の握手」です。これは、極端に緊張しやすい話し手に特に役立ちます。この位置を試してみるには、次のようにします。両手のひらを前に向けて、右手の親指を横に伸ばしましょう。自転車のハンドルバーを握るように左手でやさしく右手の親指を握りましょう。両手を軽くへその方に引っ張り、親指を握っている事実を隠すように手を置いてください。秘密の握手は、温かい親指を握ることで安心感を与えます。なおかつ、ジェスチャーが流れ出ることができるように、その親指をぱっと離す余地もあります。実務ではペンを持つ人がよく見られますが、この方法はそれよりはるかに望ましいものです。

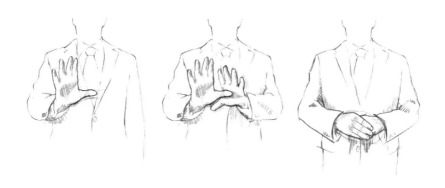

◆自然なジェスチャーの３つのＲ

　ジェスチャーを練習するにあたっては、３つのＲを使うことを忘れないようにしてください。それは「準備（ready）」・「解放（release）」・「休憩（relax）」です。最初に、ジェスチャーの「準備」ができた状態にするために、手をレディポジションに置きましょう。話す前にこのレディポジションをとって、準備の際の身体的儀式の一部にしましょう。２つ目のＲは、話し始めたら、ジェスチャーを「解放」してジェスチャー領域を満たすことを要求します。待たないで、すぐにジェスチャーをしてください（それぞれのジェスチャーについては次の節で説明します）。話しているとき、手と腕は、ほとんどの時間、「準備」と「解放」に従事します。目撃者に質問をするときにはジェスチャーを「解放」し、答えを聞くときはレディポジションの位置に戻ります。ときどき、腕を「休憩」状態にして多様性と心地よさを確保しましょう。これが３つ目のＲです。腕の筋肉のすべての力を抜き、腕を緩やかにあなたの側に下ろし、腕がしばらくそこに垂れ下がっているようにしましょう。

　３つのＲを体得すれば、「解放」と「休憩」とを組み合わせることにより、追加の選択肢をさらに２つ獲得することができます。右手がジェスチャーをしている間、左腕は休んで側に垂れ下がっていてもよいでしょう。左手がジェスチャーをするときは、右手を休ませる。言い換えれば、いつも両方の手でジェスチャーをしなくてもよいということです。両方の手をうまく使い、多様であることが望ましいのです。右手、左手、両手という選択肢は、ジェスチャーをする際に、腕に５つのバリエーションを与えます。５つのバリエーションをランダムに循環させましょう。多くの時間、「準備」と「解放」を使うことになりますが、時には片方あるいは両方の腕を「休憩」させることになります。「休憩」は、主尋問で証人が質問に答えているときや、申立ての際に裁判官があなたに質問をしているときに使うのに特に役立つポジションです。

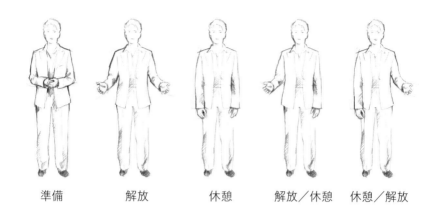

| 準備 | 解放 | 休憩 | 解放／休憩 | 休憩／解放 |

　もし、レディポジションを試してみて、自分には合わないことが最終的に判明した場合には、代わりの方法を使いましょう。手を身体の脇で「休憩」の位置に置くことを、ジェスチャーをしていないときのニュートラルな位置にすることができます。これでも見た目は問題ありません。しかし、気をつけましょう。腕の筋肉が緩く垂れ下がっているため、ジェスチャーの流れを始めるためにはより意識的に努力しなければいけません。

与える・切る・見せる

　一旦、両手をレディポジションの位置に置いたら、最初のジェスチャーを解き放つため、腕に意識的に指示を出しましょう。よく会話で使われるジェスチャーが3種類あります。そして、3つの簡単な言葉がその選択肢を思い出させてくれるでしょう。すなわち、「与える（give）」・「切る（chop）」・「見せる（show）」です。自信を持ってそれらを使えるようになるまで、こっそりと練習しましょう。

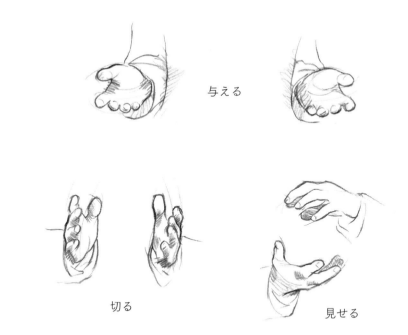

与える

切る

見せる

次の図はあなたの視点からのものです。

与える

切る

見せる

与える　聞き手に事実や主張を提示するとき、手は与える動作をするように見えます。手のひらを上向きにして手が開かれています。指がきつく握り込まれていたり、指を開いて外に広げられていたりするのではなく、指は真っすぐ伸ばされてわずかに離されます。自分の手を見て、この手のひらを上にしたジェスチャーを今やってみましょう。「与える」ジェスチャーを使って次のように言ってみましょう。

ドゥーマー氏は8：30に出社しました。

このジェスチャーは、立っていても座っていても、片手でも両手でも行うことができます。この「与える」のジェスチャーは法廷で特に役に立ちます。なぜなら、これは質問をするときに人々が使うジェスチャーだからです。質問と一緒に使うと、「質問のジェスチャー」になります。証人に対し、ちょうど手のひらの上に置いた小さな物体を手渡すかのように、質問を文字どおり手渡すように見えます。手のひらを上にして両手で「質問のジェスチャー」をし、肩を少しすくめてみてください。たとえ一言も言わなくても、あなたが質問をほのめかしていることは明らかです。これは普遍的に理解されるボディランゲージです。「与える」ジェスチャーを使って尋ねてみてください。

　　あの日、何時に出社しましたか？

切る　　人々は、強調して話し、ジェスチャーをするとき、まるで穏やかな空手チョップをするように手を横向きにします。このジェスチャーは最終弁論をするときや重要な誘導尋問を反対尋問でするときに特に役立ちます。この「切る（チョップする）」ジェスチャーは、力強い口頭での陳述に伴って行われ、それをより強くさせます。この強調する「切る」ジェスチャーは片手でも両手でもすることができます。両手は、通常は身体の幅くらいの距離に離されます。

　両手をそれ以上の幅に離すと、「切る」は、大きく、力強く、権威をもって強調されたものになります。「切る」のジェスチャーを使って次のように言ってみましょう。

　　被告の製品は、その特許権を侵害しています！

　もし、自分が繰り返し裁判官、陪審員または証人を指差していることに気づいたら、その指差しを「切る」に変えましょう。

　他の4本の指を広げ、真っすぐに伸ばします。こうすることで、人を差していた指を、強調するための「切る」の手に変えることができます。もし5本の指すべてがそろって指差していると、誰もそれを攻撃とは取りません。人差し指だけでするから面倒なことになるのです。

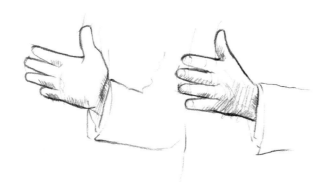

見せる　「見せる」のジェスチャーは、言葉を文字どおりに再現するものになることがあります。話す際に、手が言葉どおりの動作を再現します。

> 彼が交差点に近づいたとき、彼の左手はハンドルを握り、右手に携帯電話を持っていました。

ヴィジュアルエイドのように、手は、言葉で述べていることを「見せる」、あるいは実演します。次のイラストのようにです。

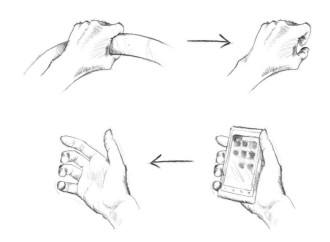

この考え方の感触をつかむため、先ほどの文章を声に出して読み、自分自身

の手でジェスチャーする手順を実行してみましょう。あなたは常に無意識にこのようにジェスチャーをしています。

　「見せる」のジェスチャーは時折概念を説明することがありますが、その場合でも、それは聞き手にとってヴィジュアルエイドのような機能を果たします。この種の表現は会話でよく見られます。

　この場合、それぞれのジェスチャーは、話している内容——ここでは2つの考えの違い——を聞き手に「見せる」ものです。会話であれば、聞き手は、「あなたのジレンマは見て取ることができますよ」と反応するかもしれません。ジェスチャーは、視覚的に把握できるものを文字どおり「見せる」のであり、聞き手はそれを見るのです。次のような問題について手を使って説明してみましょう。

　　　この発明は、（片方の手で）新しくもなく、（他方の手で）斬新でもありません。

　次のイラストのように「その車はあと数インチで彼女をはねるところでした」と説明し、「見せる」ジェスチャーの感覚をつかみましょう。

その車は
あと数インチで
彼女をはねる
ところでした

　これらの３つの選択肢によってジェスチャーする本能を動かし始めることができます。もし「与える」「切る」「見せる」を意識的に行うことについて最初は気まずく感じたとしても、驚くことではありません。これらを使う感覚をつかむには練習が必要です。３つのＲ（「準備」・「解放」・「休憩」）と３つのジェスチャー（「与える」・「切る」・「見せる」）を用いて、意識的にジェスチャーをするという課題を単純化しましょう。次に説明する最後の概念によって、ジェスチャーの語彙は完成します。

「棚に載せる」ジェスチャー

　ジェスチャーを理解し、それを一気に活性化するために役立つ方法は、考えを「棚に載せる」ことを想像することです。この「棚」は、ウエストから鼻まで広がるジェスチャー領域の底辺にあります。自然なジェスチャーの圧倒的多数はこのジェスチャー領域で行われています。それゆえ、話すために立ち上がるたびに、目の前に、目に見えない架空の棚があることになります。手がレディポジションにあるとき、手はこの見えない棚の上で「休む」ようにしています。ジェスチャー領域の底辺の境界を定めるために、手はいつもそこにあるのです。会話の際のジェスチャーを観察すると、座っているときも、ウエストの

位置あたりで 　——つまり、棚の上で——ジェスチャーがいつも行われていることに気づきます。

「与える」「切る」または「見せる」のいずれを使うにせよ、ジェスチャーを活性化させるためにその棚を使いましょう。たとえば、証人に質問することは、両手で大きな魚を棚に載せる動作のように見えます。

質問を棚に載せる

変化をつけるため、一方または他方の手で質問を棚に載せることもできます。この本を置いて、座っている身体の真正面のウエストの高さぐらいの位置に、両手で与えるジェスチャーをしましょう。その後、それを一方の手で行い、それから他方の手で行いましょう。声を出して次のように言いながらジェスチャーをしてください。

あなたは7月4日にはどこにいましたか？

「あなたは」と言うときに両手を前に伸ばし、「いましたか」と言うまで伸ばしたままにしておくと、なめらかになります。質問のすべてを、最初から最後まで、「与える」ようにしましょう。

強調のために「切る」ジェスチャーをする間、見えない棚は武道家が空手チ

ョップで板を割る場所にあります。もちろん、そのように暴力的に切るジェスチャーをすることはないでしょうが、「切る」ジェスチャーはウエストの高さの棚で起こるものです。もしあなたが陪審に話しかけている検察官であれば、次のように言うかもしれません。「その銃には被告人の指紋が付いていました」。「指紋」と「銃」の単語のところで、「切る」ジェスチャーと一緒に、それを信じているかのように、声を大きくして言いましょう。

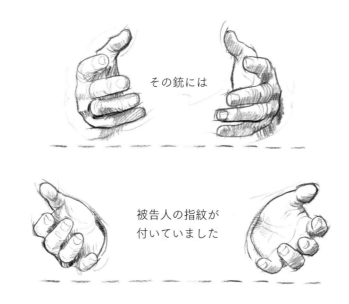

その銃には

被告人の指紋が
付いていました

　最後に、「見せる」のジェスチャーですが、このジェスチャーではこの同じ棚に考えたことを配置します。

彼らには
締切があった

その締切は
過ぎてしまった

今、この場で、感触をつかむために何回か練習してみてください。

注意を逸らせるジェスチャー

注意を逸らせ、イライラさせることすらあるジェスチャーをする話し手を、誰しもが見たことがあるはずです。注意を逸らせるジェスチャーは、効果的な役に立つ、自然なジェスチャーとは根本的に異なります。

反復的なジェスチャーは、単調になり、それ自体が注意を引いてしまいます。何度も何度も同じジェスチャーをしたら、それは注意を逸らせるものになってしまいます。そのようなジェスチャーは、口頭での伝達に付随する、退屈な時間を刻み続けるだけのイライラさせるものでしかありません。それらは「指揮者のジェスチャー」と呼ばれ、話し手を、下手くそなマーチングバンドの凡庸な指揮者のように見せます。そのようなジェスチャーの轍を踏むことは避けましょう。

人差し指で聞き手を指差してはいけません。説得しているのではなく、口やかましく小言を言っているように見えるからです。相手方を何度も指差すことも控えましょう。政治家の間で非常に好まれている「親指人形」も避けましょう。親指人形とは、軽く握ったこぶしの人差し指の上に親指の先を突き出す形です。政治家のように見えたとしてもあなたに対する信頼性は向上しないでしょう。

以下のものを避けましょう

人差し指を振る　　　政治で用いられる　　　繰り返し
親指人形　　　　　時を刻む

　自分の自然なジェスチャーが、反復的でも単調でもないことを信じてください。自然なジェスチャーは多様です。なぜなら、それらはあなたの言葉と切っても切れないほど結びついているからです。

ペンを持たないようにする

　驚くほど多くの弁護士が、話している間にペンを持つとより安心できると主張します。どうして、プラスティックの細長い円柱が、そのような安心と自信を呼び起こすのでしょうか？　話している間にペンを持つなどということは非論理的です。それは、書いている間にマイクを持つことと同じくらい無意味なことです。それは馬鹿馬鹿しいことではありますが、それでも、ペンを持つことは、手で何をすべきかという問題に対する非常に人気のある解決方法です。

　当たり前のことですが、もし何かを記録する必要があるのであれば、ペンを取ってそれを使い、その後はペンを置いてください。ペンは書くためのものであって、話すためのものではありません。もしあなたがペンを持っていたら、そのペンは必然的に聞き手の気を散らすでしょう。あなたは、そのペンをカチカチいじり、撫で、くるくると回し、さするでしょう。無意識にペンをいじっていることにより、ジェスチャーがわき出ることが妨げられるでしょう。アドレナリンのエネルギーが、ペンで遊ぶ手を活発にし、聞き手をいらだたせます。

弁護士がペンを持ちたがる本当の理由は何でしょう？　ペンは手をレディポジションに置くようにさせるからです！　話し手はウエストの高さに両手でペンを持っています。では、レディポジションを維持しつつ、ペンを取り除きましょう。同じことは手に何か別のものを持つ場合にも言えます——たとえば、マーカーペン、コンピュータのリモコン、レーザーポインター、眼鏡などです。もし、安心を与えるものを握っておかなければならないのであれば、代わりに秘密の握手を試してください。物は置いてください。

◆ジェスチャーについてのまとめ

　身体的儀式によりジェスチャーをする準備をします。スタンスを定めるときに、身体を中心に置き、戦略的呼吸をしましょう。そして、話す前に、両手をレディポジションに置きましょう。話し始めたら直ちに、「与える」「切る」「見せる」のジェスチャーを使い、それらを棚に置いて、ジェスチャーする本能を一気に活性化させましょう。「腋に空気が入る」ように腕を広げましょう。このようにすることにより、あなたは、よりゆっくりで、なめらかで、大きく、長いジェスチャーを見つけやすくなります。あなたはすでに手をどうすべきかという質問に対する答えを得ています。それが第2の天性になるまで練習をしましょう。

◆姿勢と各部位の位置の調整

　身体の上の方へと進んでいきましょう。次の話題は姿勢です。よい姿勢とは何でしょう？　「姿勢」とは、身体の位置または体勢のことを言います。私たちは誰でも、理想の姿勢の映像を心の中で思い描くことができます。その身体は垂直に直立し、頭は高く保たれています。アスリートがすぐにでも動き出せるように構えているところ、ダンサーが舞台に立っているところ、兵士が休めの姿勢で整列しているところなどを想像してください。
　意外なことに、正しい姿勢を獲得する方法としてあなたが学んできたであろう、世間一般の常識は間違っています。猫背の子どもは、肩を後ろに引いて、

胸を突き出すように言われます。しかし、両肩と胸の緊張を維持していては見た印象がよくありませんし、やっている側も快適ではありません。それどころか、上半身の筋肉に力が入っているため、緊張しているように見え、実際にも緊張を感じます。このよい姿勢と言われる姿勢を維持することもまた難しいのです。なぜなら、率直に言って心地よくないからです。

よい姿勢は、背骨、胸、肩、首、頭の位置を適切に調整することによって得られます。上半身、首、そして頭を腰と足の上で優雅に支えるよう、尾てい骨から頭蓋骨まで伸びる背骨全体の位置を調整しなければなりません。よい姿勢は、単に両肩や胸だけのことではなく、それ以外の要素もたくさん含んでいるのです。

肩を後ろに引き、胸を突き出すという間違った指導は、目に見えている現実の問題への反応です。悪い姿勢は、一見、肩が前に出て、それにより胸が陥没することにより引き起こされているように見えます。しかし、本当の問題は肩と胸より上から始まっています。首と頭が間違った位置にあることが原因なのです。

首と頭

自分自身の身体について考えてみてください。自分の頭の後部は、背中と同じ平面にあると思いますか？　もしあなたが自分自身を横から見ることができたならば、頭と首が胴体よりも前に位置していることを発見する可能性が高いでしょう。通常、鏡では自分自身の正面からの眺めしか見ることがないので、自分の頭と首が身体よりもずっと前にあることに驚くかもしれません（それは、何年にもわたってバレエを学んできていたり、最近兵役に就いたりしていなければの話です！）。とてもひどい姿勢の人は、首が肩から45度の角度で外に飛び出し、頭が胴体のずっと前に突き出た状態になっています。パレードの群衆が通り過ぎるのを見るとき、この現象を観察しましょう。頭が先導し、身体がついていきます。比較のために、とても小さな子どもを見てみましょう。彼らの首はまっすぐで、彼らの頭はあるべき場所、すなわち胴体の真上に位置しています。

頭と首が大きく前の方にあるとき、肩は間違いなく前傾し、胸は陥没します。

「肩は後ろに／胸は上に」という指導は一見理解できるように思えます。しかし、肩と胸が陥没するのは頭と首が正しい位置から外れたことの結果です。肩を後ろに、胸を上に引っ張ることにより、頭と首が引っ張られて正しい位置に戻るわけではありません。最もよい解決方法は、胴体の上で頭と首が正しくバランスを取れるように、頭と首の位置を再調整することです。このようにすれば肩と胸が正しく再配置され、神経の緊張を取り除くことができます。

背骨を調整する

　ダンサーや舞台役者は、よい姿勢を、「位置」を保つものではなく、「方向」を感じるものとして考えることを教えられます。その方向は「上向き」で、頭頂部から始まります。バンジージャンプ用の紐がそこに装着されているイメージです。そのバンジージャンプ用の紐がやさしく上向きに引っ張られます。頭

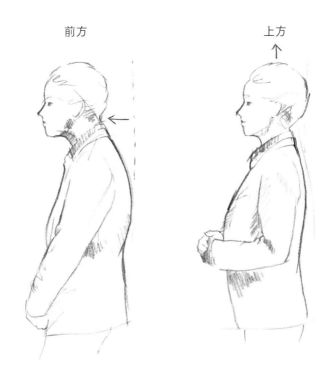

前方　　　　　　　　　　　　　上方

が引き上げられるにつれ、首はまっすぐ伸びていきます。このようにやさしく上向きに引っ張られるにつれて、顎が上がったり引かれたりすることはありません。顔は自然な位置に居続け、前を向きます。頭や首が上の方に動くとき、肩と胸は正しい位置に移動します。

　座ってこの本を読んでいる間にも、この感覚を得ることができます。やさしい力が頭を上の方に引っ張り、同時に首が伸ばされてまっすぐになっていくことを想像しましょう。やってみてください。肩の正しい位置を見つけるためには、両肩を耳の方に引っ張り上げ、優しく下に下ろして戻してください。肩の筋肉をリラックスさせるために、これを何回か行ってください。肩に力を入れて後ろに固定する必要はまったくありません。なぜなら、背骨は苦労することなく肩を支えることができるからです。頭が胴体の上に——胴体の前にではなく——戻れば、あなたは背が高く見え、よい姿勢になるでしょう。さぁ、立ち上がってください。そして、正しい位置を保持してみましょう。

座った状態での弁護活動

　法域によっては、あるいは仲裁手続のときは、座った状態で話すことを要求されることがあります。立っているときにするのと同じように、座っているときの身体の位置について考えることを心がけましょう。次のルールに従いましょう。

- ・背骨を伸ばしましょう。真っすぐ座り、前屈みにならないようにしましょう。
- ・両足を床に置きましょう。
- ・話す際は椅子の端に座りましょう。
- ・前にもたれかかって、肘に体重をのせて休まないようにしましょう。
- ・ジェスチャーを解放しましょう。ジェスチャーの領域が狭いことに注意しましょう。
- ・マイクに向かって屈むのではなく、より大きな声で話しましょう。

　あなたの身体の儀式には、今や、足、脚、呼吸、腕、肩、背骨、首、そして頭が含まれています。頭を背骨の上に正しく据えて、アイコンタクトをすると

こういうことはしてはいけません　　　こうしましょう

いう課題について探求しましょう。次は顔について考えましょう。

顔

　人々はジェスチャーには気づきません。なぜなら、彼らは手や腕を見ていないからです。その代わり、彼らは顔に焦点を合わせ、話を聞いているときは特に目に焦点を合わせます。聞き手は顔に焦点を当てているので、話している間、自分の表情がどのようになっているのかわかっていなければいけません。

　自分の顔に対する認識は、ほぼ鏡に映った姿だけに基づいています。鏡に映るあの姿は、他の人に見えている姿とはまったく同じものではありません。それは反転した鏡のイメージです。顔の左側は右側に見え、反対側も同様です。もしかすると、これが、ビデオを見ると非常にがっかりする理由の1つなのかもしれません。ビデオでは、実際に見えるとおり、右側が右側になるようにあなたの顔を映します。あなたはその姿を見ることに慣れていません。鏡を見るとき、あなたは会話をしたり、議論をしたり、質問をしたりしていません。あ

なたは受動的に自分の顔を注視しています。その受動性が、自分自身と自分の自然な顔の動きについての歪んだ見方に導いてしまうのかもしれません。

　弁護技術トレーニングの際、自分自身の姿をビデオで見た弁護士たちは、しばしばこう言います。「私はこんな気味の悪い表情をしているんですね！」しかし、それらの表情は自分以外の人々にはおかしく見えません。あなたは不自然に感じるかもしれませんが、そのビデオに映った顔の動きは、他の人々がいつも見ているものです。身体のスタイルを構成するすべての要素と同じように、顔もいつも自然にやっていることをするべきです。この目的を達成するため、自分自身の顔の動きと表情についてもっとよく認識しましょう。

口

　口と唇について考えましょう。プレッシャーのかかる状況にある人々が唇に力を入れることによって自分たちの不安をあらわにすることはよくあります。ある人は唇をきつく押しつけて閉じます。別の人は一方の唇を口の中にしまい、そっとそれを噛みます。このような力の入れ方は特有のものに見えます。あなたの顔は、そのような表情をするのではなく、緊張が見えず、安心して心地よくしているように見えるべきです。これはよく「中立的な警戒態勢（neutral alert）」として説明される顔つきです。中立的な警戒態勢は、明らかな感情をあらわにせず、注意深く見える状態です。つまり、笑ってもいなければ、しかめっ面でもありません。中立的な警戒態勢を成し遂げるため、唇をわずかに──約6ミリメートルにもならないくらい──開けて、口と鼻の両方から呼吸しましょう。唇が少し開いていれば、唇に力を入れたり、唇を歪めたり、唇を口の中にしまい込んだりすることはできないでしょう。

 唇に力を
入れる

 唇を軽く
開ける

もし、あなたの口が自然と下がって、意識せずにしかめっ面になっているなら、中立的な警戒態勢を維持することを特に意識してください。そうしなければ、自分の請求した証人に対しても、顔をしかめ、にらみつけているように見えることになります。唇を少し開ければしかめっ面を消し去ることができます。

眉間のしわ

　潜在的な緊張を示すもう1つの部分は、額と眉間です。人々は、集中するとき、しばしば、顔の上部、眉の間とその上の筋肉に力を入れます。この集中したときの眉間のしわは、あなたが怒っているように、あるいはいらだっているように見せかねません。身体の儀式を使って、自分の額がどうなっているか注意するようにしましょう。記憶した儀式のチェックリストに顔と目が必ず含まれるようにしましょう――そうすることによって、にらみつけるような否定的な第一印象を与えることを避けられるでしょう。

眉を上げて力を抜く

　眉間のしわは、眉を引き寄せる額の緊張によるものです。この問題を修正するためには、額の筋肉を逆方向にやさしく動かしましょう。わずかに眉を上げると、筋肉の緊張は消えます。額や眉間が緊張していると感じたときはいつでも眉を上げましょう。鏡でこのかすかな影響を見てみましょう。口や額を少し動かすことによって、あなたの顔は注意深そうでありながらニュートラルに――つまり、にらみつけるような顔でも、わざとらしく微笑んでいる顔でもなく――見えるでしょう。

アイコンタクト

アイコンタクトが大切であることは誰でも知っています。裁判官、陪審、仲裁人に話すときだけでなく、個人的に会話をするときであっても、これは真実です。究極的には、信頼できるかどうかは次の質問に対する回答で決まります。「私の目を見ながらそれを言うことができますか？」もし事実認定者の目を見なければ、あなたは信頼されないでしょう。

アイコンタクトは、聞くことに関する重要な要素でもあります。証人が質問に答えているとき、あなたは意識的に目で聞き、彼女が言っていることが確実

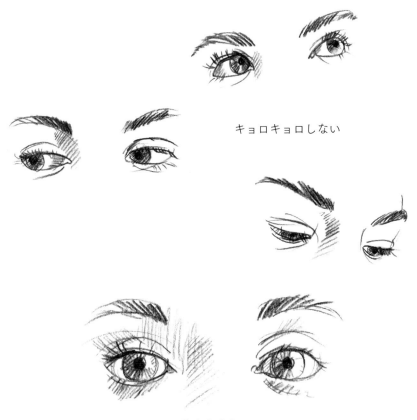

キョロキョロしない

焦点を合わせる

に聞こえるように彼女に焦点を合わせる必要があります。もしあなたの目が話し手ではなくメモに焦点を合わせていたら、間違いなく何か重要なことを聞き逃すでしょう。脳は、メモを読むのと同時に、注意深く聞くことはできません。

　最終的に、即座に有効な判断をすることができるようになるために、目の焦点を合わせ、脳の焦点も合わせなければなりません。もし、目の焦点を合わせなければ、脳の焦点を合わせることはできません。この考え方については脳についての章でさらに深く掘り下げることになりますが、目にも影響するため、この問題を考えておくことは役に立つでしょう。

　人の目を見るべきことを知っていても、プレッシャーのかかる状況で話しているときに視線を合わせることは驚くほど難しい場合があります。これが難しい理由は2つあります。1つは、誰しもがそれぞれ独特の癖を持っていて、考えているときにどこに目の焦点を合わせるかをその癖が支配しているからです。ある人は天井を見上げている間に考えます。他方で、考えるために床を見る人もいるし、脇に目をやる人もいます。これらの癖をなくす必要はありませんが、これらはコントロールしなければいけません。もし、次の言葉やフレーズを探し出そうとしている間、目線が天井に飛んで行ってしまうのであれば、あまりに長い間、天井を見つめていてはいけません。自分自身の癖が出現していることに注意を喚起しておくようにして、それをコントロールしましょう。ちょっとの間アイコンタクトが外れたとしても、それは大きな問題ではありません。しかし、もし、あなたの目が天井、床、または壁にあまりに長い間残っているように見えると、気が散っているように見えたり、上の空のように見えたり、あるいは単純に途方に暮れているように見えたりしてしまうでしょう。アイコンタクトの秘訣は、焦点を合わせる対象を、物ではなく、人に戻し続けることです。

　次の簡単なルールに従いましょう。他の人に目の焦点を合わせるまで、絶対に話し始めないこと。証人を尋問するときには、目を上げて目をメモから外し、証言台に立っている人に焦点を合わせるまでは言葉を発しないようにしましょう。目がまだメモに焦点を合わせているうちに話し始めようとする強烈な衝動に耐えましょう。人に向かって話してください。紙に向かって話してはいけません。

聞き手の表情で聞き手を判断することはできない

　アイコンタクトを難しくするもう１つの要因は、訴訟手続における聞き手の顔のストイックな表情です。会話の中であれば、あなたは、人々から定期的にちょっとした反応を受けます。彼らは、うなずき、眉を上げ、微笑み、顔をしかめ、そして、聞いていることを示す心強い音を発します。私たちは、聞いてくれていることを示す身体的な兆候または言葉、あるいはその両方を、期待し必要としています。しかし、裁判官、陪審員、仲裁人に話しているときは、そのようなフィードバックはほぼすべて消えてしまいます。

　感情を表にあらわさない陪審員たちは、彼らが考えていることについてのヒントをほとんど出しません。もし、友人や同僚が、そのような無関心な表情であなたを見たら、多分こう言うでしょう。「どうしたの？　どうしてそんな風に私を見ているの？」

そのようなストイックな表情は、人を威圧し、心をかき乱す表情のように感じられるかもしれません。しかし、それは聞いている陪審員にとっては自然なことです。うなずいたり、微笑んだり、しかめっ面をしたりして反応を知らせることは彼らの仕事ではありません。ありがたいことに、一部の陪審員は限定的にせよ何らかの身体的反応を与えてくれるかもしれません。その場合、弁護士の目はそのような人々に引き寄せられる傾向にあります。しかし、通常、陪審員はポーカーフェイスで座っています。彼らは、好意的でないように見え、敵対的にすら見えるかもしれません。だからといって投げ出さないでください。あなたの仕事は、すべての陪審員とアイコンタクトを取ることです。それがどんなに難しいとしてもです。表紙で本を判断することはできません。

アイコンタクトが難しい理由の1つは、私たちの古くからの友人であるアドレナリンと関係があります。アトゥール・ガワンデ医師は、『Complications: A Surgeon's Notes on an Imperfect Science（合併症：不完全な科学に関するある外科医の覚書）』という本の中で、結果を求められるプレッシャーのもとで顔が極度に紅潮することに関する科学的実験について書いています。

> 「数年前に行われた奇妙な実験の中で、2人の社会心理学者が……顔の温度を検知するセンサーを対象者たちにつなぎ、マジックミラーの片側に置きました。それからその鏡が取り除かれ、反対側から見つめている聴衆すべてをあらわにしました。聴衆は、サングラスをかけているときが半分あり、かけていないときが半分ありました。不思議なことに、対象者たちの顔の紅潮は、聴衆の目を見ることができるときにしか起こりませんでした」。

紅潮の原因を研究する心理学者たちは、アイコンタクト単独によって引き起こされる身体の生理学的な変化を明らかにしました。結果を出すプレッシャー（聴衆や陪審に話すこと）は、アドレナリンの流れを引き起こし、血圧を上げ、そして——一部の話し手には——顔や首の激しい紅潮を生じさせます。このことは、聴衆が話し手に最も集中しているプレゼンテーションの最初の部分で特にはっきりとわかります。しかし、この実験の対象者たちは話すことを要求されてもいませんでした。彼らは、すべての聴衆の目に見つめられている間、た

だ単に静かに立っていればよいだけでした。アイコンタクトだけで、アドレナリンが流れ、血圧、そして顔の温度が上昇したのです。サングラスによりアイコンタクトが遮られたときには、対象者たちは紅潮しませんでした。

　集団から見つめられると、アドレナリンによる捕食・被食反応と闘争・逃走反応を引き起こします。他人から凝視されることに対するこの生理的反応は、多くの話し手が、たとえそうすべきであるとわかっていても、聞き手とのアイコンタクトを維持することが難しいと感じることを説明する手助けになるかもしれません。

　アイコンタクトが生理的に難しいものであるとしても、あなたは目の焦点をどこに合わせるかをコントロールすることができます。聞き手を、個別に、そして繰り返し見ましょう。聞き手の中で最も無反応な表情をしている人も見てください。アイコンタクトを維持することは、あなたに対する信頼を強め、証人の答えに対し、あるいは裁判官からの質問に対し、そしてどのような場におけるどのような重大なやりとりに対しても、あなたが集中することを手助けします。

　自分の目をコントロール下に置くために、次の簡単なテクニックを使いましょう。言葉を発する前の数秒の沈黙の間に、聴衆の外周を見て、四隅の人々とアイコンタクトをとりましょう。それは、前の列の右端と、後ろの列の右端、後ろの列の左端と前の列の左端です。その対象となる４人を結んだ領域内に、あなたがコンタクトをとりたいすべての目があります。聴衆の外周を仕切るようにすれば、脳はあなたの前に座る全員を見やすくなるでしょう。

　どれぐらいの時間、アイコンタクトをとるべきでしょうか？　ここで、アイコンタクトの適切な持続時間と似た話をします。庭に水を撒いているところを想像してください。まんべんなく庭のすべての植物に水をあげるのがあなたの目的です。あなたは、ホースを行ったり来たりさせて庭の植物にランダムに水をかけていきます。１つの植物だけを水びたしにして、根から土を洗い流したりするのではなく、すべての植物に等しく水をあげたいのです。同じように、聴衆を見るときは、目を合わせて、定期的に彼ら全員を見ましょう。それぞれの人には１、２秒の間しか視線を合わせないかもしれません。しかし、常にすべての聴衆と個別に話しているような感覚を作り出すことができます。

この章の中の議論では、ランダムに行ったり来たりすることを避けるように促しました。うろうろすることは聞き手の気を散らせ、聞き手に部屋の中での意味のない動きを追いかけることを要求します。それだけではなく、うろうろすることは聞き手からアイコンタクトも奪います。聞き手の前で前後に行ったり来たりすることによって不利になることの1つは、すべての人に目を合わせてアイコンタクトすることができなくなることです。一方に動くとき、逆側にいる人たちはあなたの目ではなく尻を見ることになります。逆の方向に動くときには、もう一方の側の人たちはアイコンタクトを取り上げられます。そのため、ほとんどの時間は動かないようにし、目を前後や上下に動かしてランダムにアイコンタクトをとりましょう。

目とメモ

　メモを見る必要があるときは、一旦止まって読むことを恐れないでください。聞き手は、あなたがときどきメモを見たとしても気にしませんが、もしあなたがメモに話しかけていれば気にします。もし、あなたが立ち上がって一言一句台本を読んだなら、聞き手には全然伝わらないでしょう（第2章でメモについて詳細に議論しています）。事実認定者は読まれるのは好きではありませんが、法律家が定期的にメモを見ることについてはそういうものだと思っています。なので、メモを見るときは、焦らないでください。一旦止まって、読んでください。自分が話している箇所を見て取り、次に言いたいことを組み立てるために十分な時間、メモを見ましょう。そして、目を上げて元の位置に戻し、人に焦点を合わせ、再び話し始めましょう。

◆まとめ

　弁護士として身体をコントロールし調和させるという課題をマスターするためには、プレッシャー下の意識的なふるまいと無意識的なふるまいの両方をうまく処理しなければなりません。あるときは、自然なジェスチャーのような直感的なふるまいを、意図して一気に活性化させます。別のときには、脳は、意識して、そわそわしたり、行ったり来たりするような無意識的なふるまいを防

ぐことを手助けします。単に自然にするように自分自身に言い聞かせるだけでは役に立たないでしょう。

　アドレナリンは、自然のエネルギー源ですが、それを理解してうまく導かなければ、厄介なものになるでしょう。プレゼンテーションするたびに、アドレナリンに対処する準備をしましょう。アドレナリンは足、腕、手そして声を震えさせることもできることに気づきましょう。

　声の音量をコントロールし、自分自身を落ち着かせるため、戦略的な呼吸を使って意識的に呼吸しましょう。それぞれのプレゼンテーションの始まりに、ジェスチャーを一気に活性化させるテクニックを持っていることを確かめ、自分自身のジェスチャーをする生まれながらの本能を見つけて、それを解き放ちましょう。身体の正しい位置に注意を払いましょう。顔の緊張を解き、事実認定者とアイコンタクトをとりましょう。

　話をするときに毎回使う身体の儀式を開発しましょう。自分の身体の儀式を、生まれつきそうしていたかのように自然にできるようになるまで練習しましょう。

自分自身に言い聞かせましょう

立ち上がって話すのを待つ間、深くゆっくりと呼吸しよう。

足を据え付けて、落ち着いて息を吸うまで、話し出さないようにしよう。

話し出す前に彼ら全員を見よう。

顔をリラックスさせるために少し唇を開こう。

手をレディポジションに持ち上げ、直ちにジェスチャーをしよう。

ジェスチャーを一気に活性化させ、最初の言葉をいくつか棚に置こう。

より自然に始め、より自然に見えるようにするため、ゆっくりとなめらかにジェスチャーをしよう。

「与える」のジェスチャーで緊張を手渡してしまおう。

第 2 章

脳

Your Brain

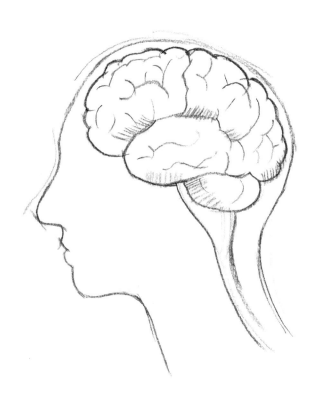

アドレナリンは筋肉だけでなく、脳にも大きな影響を与えます。アドレナリンが認知プロセスに与える影響の大きさを理解すること——そしてその力をコントロールし、方向づける方法を学ぶこと——は必須の事項です。

　アドレナリンは時間の経過の感じ方を変化させます。このことによって、プレッシャーのもとで明瞭かつ説得的に話す力をはじめ、弁護士としての役割を果たす能力全般が、促進されたり、あるいは逆に妨げられたりすることになります。アドレナリンは、あなたをさらに緊張させ、しゃべる速度を速くしすぎてしまうことによって、あなたの敵となることもあれば、言うべきことをじっくり考える時間が豊富にある感覚を作り出してあなたの味方になることもあります。

　もしかしたら、あなたはすでに、ほとんどの人が、人前で話す際に、緊張すると話し方が速くなりすぎることに気づいているかもしれません。このようなことはアドレナリンが話し手の脳に流れ込むときに起きるのです。アドレナリンはタイムワープの幻影を作り出します。そのとき、時間がよりゆっくりと流れるように感じられるのです。そして、それを埋め合わせるために、話し手は、しばしばスピーチの速度を上げてしまいます。しかし、速く話しすぎると、話し手も聞き手も、考えることがずっと難しくなってしまいます。プレッシャーのかかる状況にあるときには、自分の考えをかき集めて処理するのに、より多くの時間を必要とします。そのときアドレナリンが役に立つのです。

◆アドレナリンとタイムワープ

　アドレナリンの流入によって引き起こされるタイムワープは、闘ったり逃げたりするために筋肉に送られるエネルギーを補う生命の仕組みです。脅威が迫ったとき、あなたは地に足を付けて闘うか、きびすを返して逃げるか、決断しなければなりません。生きるか死ぬかの選択をする際には、選択肢を比較検討して正しい選択をするためにたくさんの時間があることが理想でしょう。しかし、そのような贅沢な時間はありません。あなたは認識した脅威に即座に対応しなければなりません。この危機の瞬間、アドレナリンは、時間の流れについての知覚を変化させることによって、正しい決断をすることを手助けしてくれ

るのです。あたかもその瞬間が引き延ばされたかのようにして、選択肢を比較検討し最善の選択をすることを可能にするのです。あなたがもし本当に命を失う危険を感じたことがあるのであれば、この現象を経験したことがあるかもしれません。

　次のようなシナリオを考えてみてください。あなたは交差点に向かって車を運転しています。信号は青です。あなたは安全運転を心がけているので、交差点に近づく際に、赤信号を無視してくる車がいないことを確かめるために、左をちらりと見て、それから右を見ます。そのときです！　突然、それが視界に入ります。大きな緑の清掃トラックが赤信号で進入し、あなたの運転席側のドアに向かって疾走してきます。あなたが自分自身を救うための時間は３秒しかありません。あなたは「自分は死ぬんだ！」と思います。もしあなたがそのような場面から生還したことがあるのなら、時間が速度を落としていく感覚を思い起こすことができるでしょう。生存者の経験についての話はみな同じようなものです。「私があの清掃トラックを見たとき、私はもう死ぬんだと思いました！　そしてすべてがものすごくゆっくりと感じられたのです」。さらに、彼らはしばしばこう付け加えます。「その瞬間、私の人生のすべてが一瞬で思い返されました！」どうして、たったの３秒で、人生のすべてを思い返すことができるのでしょうか。しかも、あなたという存在がこれまで辿ってきた歴史についてのその詳細な回想は、あなたの脳が次のような数多くの複雑な選択肢をほぼ同時に比較検討しているときに起こっているのです。

　　「左に急ハンドル？　いや、車が来ている！」
　　「右に急ハンドル？　いや、歩道に小さい子どもたちがいる！」
　　「急ブレーキか？　それには遅すぎる！」
　　「加速するか？　そうだ、アクセルを一気に踏み込め！」

　科学者たちは、このタイムワープがどのようにして起きるのか十分に説明することができていません。しかし、このような自分の安全を確保するために必要な複雑な計算（それは速度・質量・距離そして倫理的な問題にまで及びます）をする特別な時間があるように脳が感じるのはアドレナリンのおかげなのです。
　人間の時間の感覚は非常に主観的です。日々の生活において、時間は、置か

れた状況によって、とても早く過ぎていくように感じられたり、遅く感じられたりします。楽しい時間を過ごしているときは、時間はあっという間に過ぎていくように感じられるでしょう。退屈して時計を見ているときには、時間はゆっくりと進みます。もちろん、実際の時間の経過は本当は変わることはありません。1秒は1秒、1分は1分、1時間は1時間なのです。

　それが早くなる場合であれ、遅くなる場合であれ、時間の経過に関する主観的な体験は、その瞬間に脳がどのくらい多くの情報を処理しているかによっても影響を受けます。認識した危機を瞬時に分析しそれに反応するときには、アドレナリンが分泌され、その間、脳は通常とは異なる速い速度で情報を処理します。ロバート・E・オーンスタインは、その古典的な著書『On the experience of time（時間体験の心理）』において、「ある一定の時間の間隔においては、そこに含まれる精神的な内容の分量がその主観的な時間感覚の長さを決定する」という研究結果にふれています。言い換えると、もし脳が、生死を分ける状況（あるいは弁護活動をしているとき）のように、より多くの情報を処理しているときには、主観的には時間の進み方が遅くなっていくように感じるかもしれないということです。

　別の理論は心拍数とアドレナリンに関するものです。オーンスタインは、「ある一定の時間の間隔において、心拍数が多いほど時間の感じ方は長くなる」ということを示す研究結果にも言及しています。休んでいるときの心拍数は1分間に60回程度です。日常生活における標準的なリズムのテンポでは心臓の1拍＝1秒です。しかしながら、アドレナリンの影響下では、心拍数は劇的に上昇し、1分間に120回以上になることもあります。脳は1分あたり2倍の心拍を記録し、そのために同じ時間の間隔でも倍の「秒」が経過したように感じられるのです。

　逆説的ですが、心拍が早くなると、時間は遅くなるように感じられるのです。
　あなたは、弁護士として、この時間の経過の主観性を有利に用いることができます。これをあなたのテクニックの一部にしましょう。自分自身を訓練し、タイムワープを利用できるようにしましょう。タイムワープに駆り立てられるのに任せて速く話すのではなく、考えるための時間の余裕がある感覚を自分に与えるためにタイムワープを使いましょう。人生すべてがあなたの前を通り過

安静時の心拍

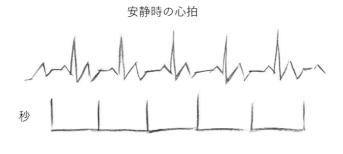

秒

アドレナリン噴出時

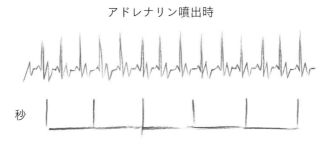

秒

ぎるのではなく、今、利用できるあらゆる考えや言葉があなたの前にひらめくのです。

集中できるゾーンを求めて

　競技会におけるアスリートたちの「気合いの入った」状態は、筋肉と脳の両方に関係するものです。筋肉にはエネルギーが満ち、脳は鋭く集中します。タイムワープによる利益を活用することを学んだアスリートたちは、この集中力が高まった状態を「ゾーンに入る」と言います。この集中力のゾーンに入っているとき、アスリートには、試合で成功するためになすべき正しい動きが何なのか判断する時間が普段よりたくさんあります。偉大なホームランバッターであるテッド・ウィリアムズがバッターボックスでタイムワープを活用したことは有名です。集中力のゾーンに入っているとき、彼には、投げられた球に対してバットを振るかどうか、どうやって振るかを判断するための時間が十分すぎるくらいありました。テニス界のレジェンドであるロジャー・フェデラーは、

ボールが対戦相手のラケットを離れるとそれが大きくゆっくりと見え、そのボールを返すまでにゆっくりとした時間があったと表現したことがありました。ソロクライマーのピーター・クロフトは、ロープなしで岩壁によじ登っているときの明晰さとほとんど超自然的な集中力について表現しています。

タイムワープを経験している弁護士にとっては、沈黙が特に居心地が悪く恐ろしく感じられることがあります。時間はあまりにゆっくりと過ぎていくように感じられ、どのような長さの沈黙であっても、重苦しく長いもののように感じられます。アドレナリンの分泌が最も激しいプレゼンテーションの最初の部分では特にそうです。

これらの「長い」沈黙を埋め合わせるため、神経質な弁護士はしばしば思考中のノイズ——「えー」とか「あのー」とか——でその隙間を埋めることに走り、早口になりすぎてしまいます。そして、それによって持続することが不可能なテンポが設定されてしまいます。早口で話すことは沈黙を埋めてくれるかもしれませんが、同時に考える時間をなくしてしまいます。その結果、脳は明確で簡潔な文章や質問を作ることができなくなってしまいます。もしあなたが速いペースで明瞭に話すことができたとしても、裁判官、陪審員、証人、それに書記官はあなたについていくことができません。あなたの言葉自体はわかるかもしれませんが、その意味合いは理解されません。聞き手からすると、速すぎる速度で話されると、言葉は、片方の耳から入り、もう一方の耳から出て行ってしまいます。口が先走っているときに説得力を持つことはできません。沈黙の瞬間はアドレナリンによるタイムワープの贈り物なのです。それを利用しましょう。

集中力のゾーンがまるで魔法のようにアスリートたちを助ける働きをするように、アドレナリンによるタイムワープは、あなたに不利にではなく、有利にも働かせることができます。タイムワープを活用するとき、あなたの沈黙はやはり普段よりもずっと長く感じられます——ただし、それはよい意味で、役に立つ方法で。練習することによって、タイムワープは、自分が何を言いたいのか考えるための非常に長い時間を与えてくれます。その3秒の沈黙は12秒のように感じられるかもしれません。そんなに長く感じられる思考時間を得られるとはなんと贅沢なことでしょう！　あなたは、正しい言葉を選び、あるいは、

次の文章を組み立てるための時間を十分すぎるほど得られます。あなたは、一連の質問を終わらせるのがよいか、それともその話題をさらに深く掘り下げるのがよいか、メリットを比較することができます。あなたには、次の言葉を選択したり、異議に対応したり、裁判官の質問に答えたりするために必要な時間が与えられます。沈黙は、価値のあるツールとなり、あなたのテクニックの重要な一部となるのです。

　話し始める前に部屋の中の静けさを意識できるようにしましょう。最初に立ち上がったときに、何も言わないようにしてください。数秒間停止し、声を出さずに数えましょう。1001、1002、1003。それは長い時間のように感じられるでしょうが、実際はそうではありません。部屋の中の静けさを聴くことに意識的に注意を向けましょう。一旦その静けさを聴いた後は、話す際にもそれを利用しましょう。話すときに、短い、1秒の空白を織り込んでください。1つのフレーズを言った後、停止しましょう（沈黙）。それから、もう1つフレーズを言って停止しましょう（沈黙）。文章の終わり、特に1つの話題や一連の質問の終わりには、さらに長く停止し、沈黙を聴いてください。そして、その沈黙の間――考えてください！　沈黙とそれがスピーチとどう関係するかを一度意識しはじめると、沈黙を使うことがだんだん心地よくなってくるでしょう。

　タイムワープとその相棒である沈黙を活用することによって、より効果的に考え、より効果的に話す能力を高めることができます。それはまた、聞き手の理解力を高め、あなたが話す内容によって聞き手が説得される可能性を高めます。沈黙は思考の過程において決定的に重要な要素なのです。聞き手は考える時間を必要とします。もし人々を説得したいのであれば、彼らに考える時間を与える必要があります。彼らは、あなたが話す内容によって、あなたが話しているときに、説得されるわけではありません。彼らは、あなたがたった今言ったことについて考えるための一瞬の沈黙を与えられたときに説得されるのです。

　聴き手が裁判官であれ仲裁人であれ、その思考過程を考えましょう。聞き手が陪審員であればなおさらです。彼らは、あなたとは違い、法律家のように考える訓練を受けていません。陪審員の課題の1つは、法的な問題、法律専門用語、そして法的概念に慣れることです。彼らからすれば、外国にいるようなものなのです。陪審員は、何が話されているか十分に考えるために――つまり、

あなたの言いたいことを十分把握し、最終的に説得されるために——あなたが思っているよりも多くの時間を必要とします。陪審員があなたの言葉について考えるための時間は、あなたが話した後にしかありません。あなたが言葉を選ぶために必要な時間の量は、あなたがたった今言ったことについて陪審員が考えるために必要とする時間の量よりも間違いなく少ないのです。彼らに、考え、詳細に検討し、そしてその後に意見を形成するための時間を与えてください。

エコーメモリー

法廷で、裁判官や陪審員は「エコーメモリー」を使っています。「エコー」、つまりこだまという言葉が示唆するように、熱心に聞いている聞き手の脳は、次のような現象を経験しているのです。

> あなたが話すとき……（あなたが話すとき……）
> 聞き手の脳は……（聞き手の脳は……）
> あなたの言ったことをこだまのように繰り返すのです……（あなたの言ったことをこだまのように繰り返すのです……）

エコーメモリーは日々の生活で日常的に利用されています。たとえば、ある電話番号を聞いたとき、あなたは、記憶しておくためにその番号をスマートフォンに入力するまでの間、それを、そのまま声に出して言っていることがあるかもしれません——「555－1212……555－1212……555－1212」。その繰り返し、あるいはそのこだまのような反響は、脳が記憶することを手助けします。私たちは道順を覚えるときにも同じことをしています。

証人尋問の際の事実認定者の脳のエコーメモリーは次のように表されるかもしれません。

> Q：何をして生計を立てているのですか。
> A：建設業を営んでいます。
> 事実認定者：（へぇ、彼は建設業者なんだ。）

教授の講義を聴きながらノートを取る学生たちはエコーメモリーのもう1つのバージョンを利用しています。彼らは教授の述べる重要な見解を自分たちのラ

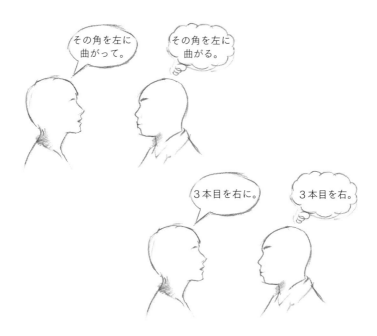

ップトップやノートの中へとこだまのように繰り返します。しかし、もしその
教授の話が速すぎると、学生たちはうまくメモを取ることができません。聞き
手がノートを取っている学生たちであっても、あなたが言っていることに注目
して聞いている陪審員であっても、あなたの考えを染み込ませるためには時間
が必要なのです。事実認定者に与える情報がより複雑で重要であればあるほど、
事実認定者がそれを把握し、説得されるためには、その情報を自分たち自身の
頭にこだまさせるための、より多くの時間が必要なのです。あなたが、聞き手
に対して、あなたの言ったことについて考える時間を与えるとき、あなたは説
得的な沈黙を利用しているのです。「沈黙は金なり」という表現は誰もが知っ
ています。それは、コミュニケーションにおいて沈黙が果たす重要な役割を強
調する19世紀の格言──「演説は銀である、しかし沈黙は金である」──から
来ています。言葉は重要ですが、沈黙はもっと重要なのです。

◆ その場で考える

　その場で考えるために時間（と沈黙）が必要だということに気づいたら、次のステップはどうやってその場で考えるのかを正確に理解することです。書面を読み上げるべきでしょうか？　覚え込むのはどうでしょうか？　言いたいことを書き出してもよいのでしょうか？　朗読することや暗唱することにはどのような問題があるのでしょうか？

朗読しない

　メモを読み上げてはいけません。朗読するのは致命的な誤りです。あなたは、朗読すれば完璧に伝えやすくなると思って、朗読したいという誘惑に駆られるかもしれません。しかし、そのような方法によって達成できる完璧さは、完璧な退屈さでしかありません！　あなたは、アナウンサーや役者のように、上手に音読する訓練を受けているわけではありません。音読することはそれ自体が１つの専門的技術であり、多くの役者たちはそれを満足に行うことすらできません。毎年、アカデミー賞で、有名な役者たちが数行をテレプロンプターから読み上げることに苦しんでいます。

　音読するとき、誰もが同じ間違いを犯します。速く読み上げすぎるのです。また、あなたは鼻をメモに埋めるようにして、自然な表情や抑揚なしに読むでしょう。もし法的手続の際に朗読することにした場合、あなたは聞き手の目をほとんど見ないことになり、信頼性を欠くことになってしまうでしょう。あなたは何かを読み上げているように聞こえるでしょうし、そのように見えるでしょう——実際にそうなのですから！　聞き手が朗読によってだまされることはありません。もしあなたが人々を説得したいと思うのなら、彼らに対して朗読してはいけません。彼らに対して語りかけなければなりません。

　証人尋問の際、質問するときにメモから読み上げる誘惑に耐えてください。あなたに予言の才能はありません。裁判の準備をしている間、あなたは証人がどう言うか予言することはできません。このことはよく準備された証人に対する主尋問の際にも当てはまります。特に、プレッシャーのもとにあって緊張し

ている人の行動は予測できないのです。書かれた質問のリストから読み上げることは、証人が各質問に答えるために使うであろう言葉を尋問者が正確に知っていることを前提とします。次の例は、弁護士がずっとメモに目を落としたままで、そのまま質問を読み上げたときに起こり得ることの一例です。この弁護士は証人の答えを聞いておらず、各質問の後半部分について予測していなかったのです。

> Q：ヘルナンデスさん、どこに住んでいるか教えてください。
> A：サンディエゴに夫とともに住んでいます。
> Q：あなたは結婚しているのですか？
> A：はい、2人の子どもがいます。
> Q：あなたには子どもはいますか？
> A：はい、6歳の息子と、8歳の娘がいます。
> Q：彼らの年齢はいくつですか？

このやりとりは馬鹿馬鹿しく聞こえますが、これは弁護技術トレーニングプログラムでよく見られるおかしな出来事です。その弁護士は、想像していたとおりの答えを証人が与えてくれると誤った仮定をしているのです。それぞれの答えで与えられた余分なディテールは予期されていませんでした。弁護士がリーガルパッドから次の質問を読むことに集中しすぎて、証人から与えられた答えを聞かなければ、問題は一層ひどくなります。その結果、馬鹿馬鹿しいことが起こるのです。

暗唱しない

暗唱――記憶の中のテキストを声に出して繰り返すことあるいは誇張して声に出すこと――は高度に専門化された技術です。何年もの訓練と練習を重ねたとしても、演劇を行うプロの役者たちは、セリフを正確に確実に記憶し暗唱できるようになるまで、何週間ものリハーサルを必要とします。多忙な弁護士であるあなたは、プレゼンテーションを記憶するために何週間も費やすことはできません。つまり、記憶することに失敗する可能性が高いのです――そして、たった1つの失敗でもあなたの自信を傷つける可能性があります。もしあなた

が次に言うべき言葉を考え出すことができなければ、あなたは詰まってしまいます。冒頭陳述や最終弁論を苦心して記憶した後に重大な問題が生じた場合、新しい事実をスムーズに組み入れることは困難を伴います。記憶から暗唱すると聞き手には奇妙に聞こえます。暗唱するときは、自分が書いたものを思い出そうとして心はよそにあるので、目から少し生気がなくなります。なので、自分のプレゼンテーションを記憶し暗唱しようとしてはいけません。失敗するリスクは大きいのです。

　朗読もせず、暗唱もしない以上、あなたにはたった1つの選択肢しかありません。語るのです。

構造化された即興

　弁護士として行う思考のスタイルは、「構造化された即興」と表現するのがぴったりくるものです。まず、事前に、その申立て、控訴審での弁論、冒頭陳述、最終弁論、または証人尋問において、語ろうとする話題の順序を慎重に組み立てます。その構造を用いて、ちょうど会話で話すときに行うように、1つひとつの言葉を即興で話すのです。脳は、この種の思考や話し方に非常に熟達しています。

　あなたが同僚に対して「昨日の電話の件と明日の会議について話し合う必要がある」と言う場合を考えましょう。その構造はこうです。

　　1．電話
　　2．会議

この2つの要素からなる構造を用いて、あなたは、話しながら実際の言葉を即興で紡いでいきます。弁護士は、より多くの情報を含むより長いプレゼンテーションを構造化します。このスキルに関するこれまでの経験によって、あなたはそれを自然に行うことができるはずです。

　あなたが人生で経験した出来事で、これまで何度も話したことがある話——たとえば、何か面白い、恐ろしい、あるいは不思議なことについての個人的な逸話——のことを考えてください。

　もしあなたが聞き手に対してその経験について話すように言われた場合、あ

なたはその話を実際に経験し、これまで話したこと——つまり、それを話す練習をしたこと——が何度もあるので、躊躇したり苦しんだりすることはないでしょう。次に、違う聞き手に対して、今すぐ、同じ逸話をもう1回するように言われたと想像してください。ただし、1回目とまったく同じように、言葉どおりに逐語的に話すという実現不可能な条件を1つ付け加えて。

　そのようなことはあなたにはできないはずです。誰にもできません。このことはあなたが突然その出来事について思い出すことができなくなったことを示すわけではありません。それは単にあなたがそれを表現するために用いた言葉を、その表現をたった数分前に口から発したにもかかわらず、逐語的に記憶して繰り返すことができないことを示すにすぎません。もしあなたが、よく親しんでいる逸話についてすらこの課題を達成することができないのであれば、最近書いた法的なプレゼンテーションを逐語的に伝えることはほとんど期待できないでしょう。脳はそのようにできていないのです。

　あなたの個人的な物語を語るためには構造化された即興の方式を必要とします。出来事の順序が構造です。あなたはその構造に沿って即興で、その逸話について異なる単語、フレーズ、そして文章を用いてもう一度語ります。構造化された即興は証人尋問でも機能します。議論したいと思う話題の範囲に応じて証人尋問を計画し、それから受け取る答えを注意して聞きながらその構造に沿って即興で質問を作るのです。

　構造化された即興を用いて弁護活動を行うことは、言葉でジャズを演奏するようなものです。あなたは、学ぶにつれ、よく計画された構造と自由な形式の即興という対照的なものの中間にあるこの認知状態を心地よく感じることができるようになります。あなたは、自分が望み期待する結果を実現するために慎重に準備しなければなりません。しかし、一旦冒頭陳述や証人尋問を始めたら、実際に起こっていることに対処しなければなりません。そして、それはあなたの期待していたこととは違うかもしれません。その真髄は、実際に使う言葉を正確に記憶するのではなく、アイデアを組み立ててそのアイデアを特定の順序で記憶するように脳を鍛える、ということです。

　アメリカンフットボールのようなチームスポーツをするアスリートたちは、試合で使おうとするプレーを練習します。しかしながら、一旦試合が始まると、

選手たちは、クォーターバックがボールをつかみ損ねたり、急襲してきたラインバッカーによってパスが途切れたり、パスを受けた選手が滑って倒れたりします。そうなれば、即興で動かなければなりません。弁護活動も、同じように予期しない出来事が実際に起こり得る、言葉のゲームと表現できるかもしれません。スポーツの試合と同じように、対立するチームがいて、審判として活動する裁判官がいて、どのようにゲームがなされなければならないかについて明確なルールがあり、そして勝者と敗者がいます。言葉を用いた知力による闘いである弁護活動は、あらゆる競技の大会と同様に、即興で行う能力、予期しないことに対処する能力、ゲーム中の流れに乗る能力、そして何より練習と準備を必要とするのです。

読むことと話すことを同時にしない

　脳は話すことと読むことを同時にする経験を積んでいません。日常生活においては、何かを話すときは話し、何かを読むときは読んでいます。文章でできた段落を読まなければならないようなメモを作ってはいけません。そのようなメモは罠です。多くの言葉を書けば書くほど、そのメモは役に立たなくなります。聴衆に対して話しているとき、それらの言葉をすべて読んでいる時間はありません。もし長く詳細な台本を持って立ち上がれば、それを読み上げようとする誘惑は耐えがたいものになります。自然な状態では、脳が話をしながら同時に読み上げることはなく、必ず、話をするか、読み上げるかのどちらかを選択しています。読み上げる方がより安全な選択なので、脳はそちらを選びます。しかし、朗読は間違いなく退屈なのです。

　書き言葉は、話し言葉の場合とは異なる脳の部位で処理されます。思考中の脳の中を「見る」ことができる機能的磁気共鳴画像装置（fMRI）は、読むことと話すことが2つの異なる領域で起きることを明らかにしました。話すのと同時にメモを読もうとする試みは、2つの相容れないソフトウェアプログラムをコンピュータ上で実行しようとすることと同じです。そのようなことをすれば、脳の認知的ハードドライブがクラッシュしてしまうでしょう。なので、正しい認知的ソフトウェアを選んでください。聞き手に語りかけてください。音読は効果的ではありませんが、語りかけることは効果的です。そしてそれはコ

ミュニケーションをするときにすでにあなたがいつも行っていることなのです。

　あなたに読むことを思いとどまらせようとしていることは、自分の構造化された即興のガイドとなるメモを使ってはいけないと提案することを意味するわけではありません。聞き手は、話し手が定期的にアウトラインを見るだろうと思っています。メモを見ることはまったく問題ありません。ただ、メモに話しかけてはいけません。そこには非常に大きな違いがあります。そして、それはすべてタイミングに関する問題なのです。使いやすいメモを作成する秘訣は、メモは自分のためのヴィジュアルエイドであると考えることです。

ヴィジュアルエイドとしてのメモ

　メモは多くの場合に必需品となります。複雑な事案では、演台や弁護士席に置かれたメモはあなたのスピーチや尋問をガイドしてくれます。それらは言いたいことを組み立て、思い出すことを手助けしてくれ、頭が真っ白になったときには、安心できる、幼い子どもにとっての気分が安らぐ毛布のようなものとなります。

　本当に役に立つメモはヴィジュアルエイドとしての役割を果たします。それらは、特定の事案について考えをまとめるために最初に書き留める「考えるためのメモ」とは目的と意図が根本的に異なり、相手の代理人が証人を尋問している際にリーガルパッドに書く「聞くためのメモ」ともまったく異なります。加えて、そのような考えたり聞いたりするためのメモは、よいヴィジュアルエイドとするには大きさが──そしてしばしば読みやすさも──足りないのです。

　よいヴィジュアルエイドは構造を与えてくれるものです。そうすれば、話し手はその構造に沿って即興で話すことができます。ここに法廷で使うためのよいメモを作るのに役に立ついくつかのルールを示します。

　大きく書く。もしコンピュータを使ってメモを作るのであれば、フォントの大きさを2倍か3倍にしましょう。普段の10ポイントや12ポイントから、24ないし26ポイントにしてください。読みやすく、それらをちらっと見れば言葉がページから飛び出すような、大きなメモを作ってください。容易に読めるメモを用いて話すことで、話すことがどれほど簡単になるか、驚くことでしょう。そのメモは次のようなものになるでしょう。

大きく書く。

読みやすく書く。

メモは簡潔に。

メモは手近に置く。

　手書きのメモの場合には、紙に太い線を書けるペンを使いましょう。大きく太い文字は、遠くからでも簡単に見ることができます。あまりにも小さい文字で書かれたメモは、1メートルほど離れた弁護人席に置かれると判読できません。あなたが今読んでいるページからあなたの目までの距離を考えてください。もしあなたのメモがあなたの目から2倍の距離にある演台に置かれているのなら、それらは2倍の大きさに書かれるべきではありませんか？　もしそれらがあなたの目から3倍離れた弁護人席の上に置かれているのであれば、それらは最低でもいつもの文字の3倍の大きさに書かれるべきではないでしょうか？

　読みやすく書く。メモが読みやすくなるように注意してメモを印刷しましょう。それには少し時間と労力を要しますが、その価値は十分にあります。キーワード、日付、金額などは、その重要性を強調するために赤字で印刷することもできます。重要な言葉は黄色いマーカーで強調しましょう。大きく書くだけでなく読みやすく書くようにすれば、1ページに言葉を多く入れすぎることを防ぐことができます。それは次に説明するルールを補強することにもなります。

　メモは簡潔に。より少ない方がよいです。言葉が少ない方がより使いやすくなります。あなたの大きなアイデアを、そのアイデア全体の引き金となるたった2、3の言葉に凝縮しましょう。覚えておいてください。紙により多くの言葉を載せれば載せるほど、そのメモは役に立たなくなります。散文体を避けましょう。あなたの考えの構造を書き出し、その周辺のことを即興で話しましょう。「おはようございます、陪審員の皆様、私の名前は……」などと書いてスペースを無駄にしてはいけません。

演台から下がって立つ

メモは手近に置く。簡単に見ることができるところにメモを置いてください。もしあなたが演台の後ろから話すことを求められるのであれば、30センチメートルくらい後ろに下がりましょう——そうすれば、メモを読む際に目をちょっと下に傾けるだけでよくなります。演台の横に移動するときは、歩かなくてもメモを見ることができる位置に立ってください。演台の横に移動した後に前に1、2歩移動しがちなことに注意してください。そのようなことをすると、後ろ向きにカニ歩きして見ない限り、メモを読むことができなくなります。特にメモを頻繁に見る必要がある場合には、それを見ることができる位置で動かずに立っていましょう。

水平的なメモを作る。書くことと、考え、話し、ジェスチャーをすることとの違いを一旦認識すると、話すために作るメモがずっと役に立つようになります。簡単にいうと次のようなことです。書くときは縦に並べて書きますが、考え、ジェスチャーをするときは横に並べてするのです。このことを理解すれば、脳が物事を思い出す方法や、手がジェスチャーをする方法と同期するメモを作

ることができるようになります。このメモは、究極的には、聞き手があなたの話したことを理解し記憶すること——これはあなたの最終的な目的なのです——を手助けすることにさえなります。

　読んだり書いたりするときには、考えや言葉は、１行ずつ、印刷された紙やコンピュータ画面の、上から下へと、流れてきます。書き手はこの上から下への流れを「上記のとおり」とか「以下のように」といった表現で明示的に指すことがあります。読んだり書いたりする際の考え方は、上から下への縦向きの流れなのです。

　話している間の考え方はまったく違います。アイデアやジェスチャーは水平に行ったり来たりしながら流れ出します。このことが、プレッシャーのかかる状況で弁護活動を行うときに紋切り型の縦向きのメモがまったく役に立たないことがあるのは、これが理由なのです。

　自分自身が水平的な考え方をしていることの証拠を挙げましょう。「一方では……。他方では……。」という表現を考えてみてください。このとき、比較対照するためにこのようなジェスチャーのパターンが用いられます。

このようなジレンマを表現する際に、上から下へと縦にジェスチャーをする人がいるでしょうか?

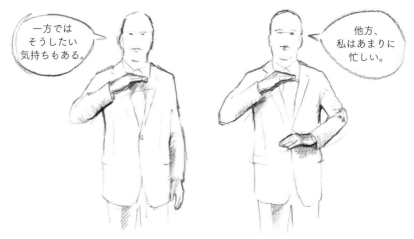

一方では
そうしたい
気持ちもある。

他方、
私はあまりに
忙しい。

私たちはこんなことは絶対にしません!

水平的な考え方の例として、現在、過去、そして未来について、話し、ジェスチャーをすることを想像してください。あなたは、次のような自分自身のタイムラインをジェスチャーでどのようにして論理的に表現するでしょうか。

　　昨日、私は仕事をしていました。今日、私は家にいます。明日、私は休暇
　　に出かけます。

あなたは、過去、現在、そして未来について、水平な平面に沿ってジェスチャーを行うでしょう。この文章を音読しながら上から下へと垂直にジェスチャーを行うことがどんなに奇妙に感じられるか、認識してください。

　　昨日、私は仕事をしていました。
　　今日、私は家にいます。
　　明日、私は休暇に出かけます。

第1章で、話し手のジェスチャーが行われる水平な面が「棚」と呼ばれてい

たことを思い起こしてください。人が無意識にジェスチャーを行うとき、彼らの手は言葉やアイデアや概念を自分の前の見えない棚の上に置いているように見えます。その棚は大体ウエストの高さにあり、話し手は、座っている場合であっても立っている場合であっても、その棚を使うように見えます。

　もし脳が水平方向に考え、手が棚の上で水平にジェスチャーを行うのであれば、メモにもこのパターンを反映させるべきであるとすることは理にかなっています。1枚の紙の左端から右端へと流れるメモを作りましょう。長いリーガルパッドはこのように用いるためには特に適しています。あなたは、約35センチメートルの紙の上に相当な量情報を配置することができます。もしコンピュータを使うのであれば、横向きの用紙設定をして文書作成と印刷を行いましょう。私たちも、この本で説明している事柄について講義を行うときは、水平的なメモを使っています。これが私たちの水平的なメモの例です。

身体	脳	声
・アドレナリン	・アドレナリン	・チャンキング
・立ち方	・タイムワープ	・フレーズ
・呼吸	・沈黙	・強調
・ジェスチャー	・思考	・ジェスチャー
・焦点	・エコーメモリー	・句読点

　メモを水平的に配置することの2つ目の利点に気づいてください。このようにすることにより、このメモはよいヴィジュアルエイドと同じ特徴を用いることになるのです。より大きく、より簡潔に、より読みやすく。アイデアをページの中の幅の狭い列に収めるためには、箇条書や引き金となる言葉を用いなければなりません。このことは、あなたが、話すときに役に立たない完全な文章でメモを書くことを防ぎます。話すときには、中断して完全な文章を読んでいる時間はありません。

水平的なメモの3つ目の利点はその柔軟性です。3つの論点についての裁判官への申立ては、3つの列にまとめられます。もし裁判官があなたを中断させ、3つ目の論点を先に説明するよう求めたとしても、脳は簡単にそれに合わせることができます。水平的なメモは、地図のように、左から右にも、右から左にも、読むことができるのです。

　ここで、損害賠償責任に関する主張を想像してください。その中では、義務、その義務への違反、そしてその結果生じた損害について扱います。以下の例では、図の中の詳細な箇条書きはすべて省略して話題の項目だけを示しています。

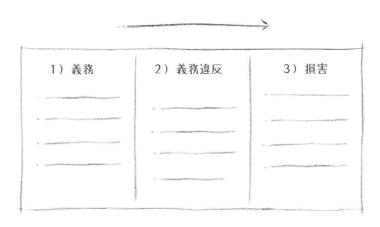

　あなたは、まずはじめに義務の問題について述べ、次にどのようにしてその義務への違反がなされたか説明し、最後に損害について議論します。あなたの脳はこの水平的なメモを追い、あなたの手はダブル空手チョップを使いながら棚に沿ってジェスチャーをします。聞き手は「何について話しているのかわかりやすい」と感じます。

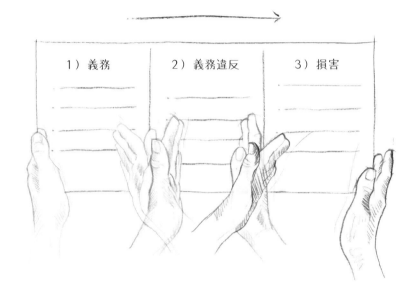

考え方、ジェスチャーの仕方、そしてメモの作り方は、すべてに共通した同じ水平的なパターンを持ちます。そして、あなたが突然次の考えを思い出せなくなったとしても、まさにどこを見ればよいのかわかるはずです。

水平的なメモに1つ問題があるとすれば、それは聞き手の視点に関係する問題です。自分のメモを追って左から右へとジェスチャーしていくとき、あなたの考えは聞き手からすると、逆方向に進んでいくように見えてしまいます。このようにです。

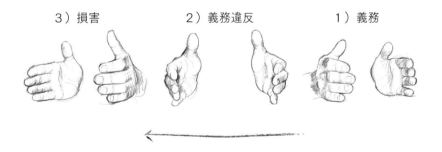

誰にでもわかる解決法があります。あなたの水平的なメモを逆にし、あなたのジェスチャーが右から左にメモを追いかけるようにしましょう。裁判官、陪審あるいは仲裁人には、それらが左から右へと流れていくように見えるでしょう。

　会社の第1四半期における経済的損失に関する主張を考えてください。そのメモはこのようになるでしょう。

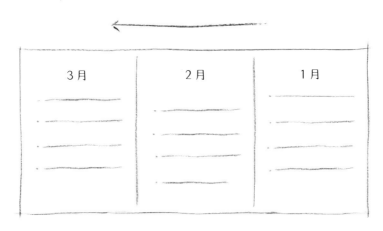

ジェスチャーはメモに沿ってページの端から端まで移動します。

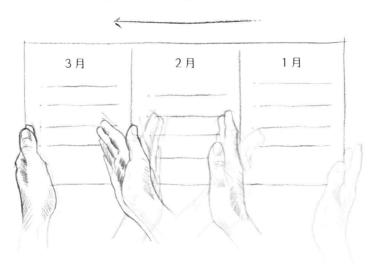

聞き手には次のように見えます。

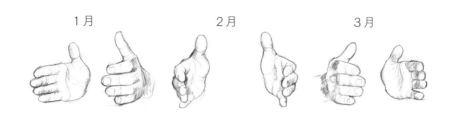

1月 　　　　　2月 　　　　　3月

　少し練習をすれば、この考え方は第2の天性になります。あなたは聴衆のために話しているのです。このように単純に覚えておきましょう。すべてのパターンは右から始まる、と。

1．メモを使って練習する。立ち上がってメモを使いながら大きな声で話しましょう。メモを使って話すことは、練習が必要な技術です。メモに目をやりながら話し、きちんとアイコンタクトをとることは、自然にやっていることではありません。努力しましょう。

2．必要があれば黙読する。もし自分自身が話すことを確認するために自分のメモを注意深く見る必要があるのであれば、一言「次に進みましょう」と言いましょう。一般的に話題の変わり目を示すその1行は、メモに戻り、全体構造における次の内容が何かを確認することを正当化します。メモを見るときは、時間を取ってください。聞き手はあなたが何をしているかわかっていて、そのことによって煩わされることはありません。彼らは、あなたがさっき言ったことについて考えているか、尋問の際に聞いた質問と答えについて考えています。陪審員は中断されることを気にしません。メモを見ることは、彼らにテレビやラジオのコマーシャルに似た一種の休憩を提供します（「続きはCMの後で……」）。一旦メモを見るのを終えたら、再び聞き手の目を見ながら彼らに直接話しかけましょう。そのようにすれば、彼らはあなたがメモを見る間も辛抱強くいてくれるでしょう。
　見るときは、本当にメモを見てそこに書かれていることを読んでください。後ろに戻って、あなたがちょうど話し終えた話題について見てください。もし

何かに言及することを忘れていたら、「申し訳ありません、先ほどの話題について重要なことを述べるのを失念してしまっていました」と述べて、問題を解決しましょう。この方法により、あなたは、忘却という災いを「何か重要なこと」という福に転じることができます。あなたが重要だと伝えると、聞き手は細心の注意を払います。害はありません。弁護士がメモにあまりにもべったりと執着する1つの理由は、何か重要なことを忘れてしまうことを恐れて硬直してしまっていることにあります。忘れることを恐れる必要はありません。次に移る前に、メモを概観して前の話題の中で重要なことをすべてカバーしたことを確かめる時間を取りましょう。

忘れることを計画に入れる

多くの弁護士は、「忘れてしまったらどうしよう?」という恐怖にとらわれて、メモに鼻を埋めるようにしています。しかし、その問いは間違っています! なされるべき正しい質問は、「忘れてしまったとき、どうやってリカバーしたらよいのか?」というものです。プレッシャーを受けた状態で話すときには定期的に忘れてしまう事態が生じることを前提とすべきです。友達と会話をしているときに、自分の一連の考えをどれほど簡単に見失ってしまうか、考えてみてください。あなたは一瞬沈黙して、「考えていたことを忘れちゃったよ。何について話していたっけ?」と打ち明けるでしょう。もしこのようなことが何気ない会話の中でしばしば起こるのであれば、それは本番のプレゼンテーションの際にも起こります。明解な解決法は何か? それは忘れることを計画に入れることです。そのようなことが起こることを知り、それが起こったときのために準備しておきましょう。

メモを見たり、自分の考えをまとめるために休止したりする際、私たちが提案した、「次に進みましょう」という移り変わりの発言は、それを説明し正当化する便利な方法になりえます。次へ進もうとしているのですから、次に何があるか見るために自分のメモを参照することは理にかなっています。もしくは、同じ1行のフレーズをただ単に止まって考えるために使うこともできます。事実認定者はあなたが何をしているか理解するでしょう。あなたは先に進むことを宣言しているので、彼らにはあなたが考えていることがわかります。このと

き、沈黙を信じ、沈黙を心地よく感じましょう。あなたが頭を回転させている
ところを彼らが見ているのだと信じましょう。時間を取って、次に何が来るべ
きか考えてください。

　もし話題と話題の間で、次に議論すべき領域を思い出せなければ、ただ、あ
なたの頭の中で真っ先に浮かんでいる質問を声に出して言ってください。「次
は何でしょう？」その質問をしたら、メモを見て答えを探しましょう。これは、
特に子どもたちに物語を聞かせるときによく使われる方法です。

　　それから、女の子はドアを叩きました。すると何が起こったでしょう？
　　扉がゆっくりと開いたのです。

あなたは、同じ方法を、冒頭陳述で、何が起きたのか物語るときに使うことが
できます。

　　彼らは10月28日に契約書に署名しました。その後どうなったでしょうか？
　　11月 3 日、原告は……。

　しかし、あなたが、日付や金額のような正確な事実を思い出せないときはど
うしたらよいでしょうか？　その問題に対処する 1 つの方法は次のように言う
ことです。

　　さて、契約書に署名押印した日（あなたは突然それを思い出せなくなりま
　　した。そこで次のように言います）……
　　この点は正確にしておきたいと思います（そしてメモを確認します）……
　　その日付は10月28日でした。

「この点は正確にしておきたい」と言いながら、メモをおもむろに見て、事実
を確認して正しく把握しましょう。この行動は適切な注意を払っていることを
示すものです。それはあなたの信用性を押し上げることもできます。
　忘れることを相殺するための最後の方策は、あなたに同情を勝ちとらせるか
もしれないものです。それは、普段あなたが会話の際に口にしていることをそ
のまま言うだけです。「すみません、考えていたことを忘れてしまいました」。
あなたにとってそれが気にならないのであれば、聞き手にもそれが気になるこ

とはありません。何と言っても、それは自然なことだからです。そのようなことは彼らにも定期的に起こっているのです。

　これらのテクニックのいずれかを試してみる前に、自分が言おうとしていたことを本当に思い出せないのかどうかを確かめるため、沈黙して十分長い休止を取ってください。次に言おうとしていた考えは、舌の先まで出かかっているわけではないかもしれませんが、ほぼ間違いなくあなたの脳の中のどこかにあります。それを探すための時間を自分自身に少し与えてください。ただし、タイムワープが最も重苦しく感じられるのはそのような時間であることに注意してください。パニックになってはいけません。時間を取りましょう。その考えが頭の中のどこにあるか探してください。息を吸って、手を開き、自分に沈黙の時間を与えてください。もし考えが出てこなければ、忘れたときのための計画を実行し、これまで提案してきたテクニックの1つを使いましょう。これらの「忘れたときのための計画」の言い回しが必要となる場面に直面する前にそれらを使う練習をしておけば、そのときが来たときにそれらの言い回しを使うことができます。今すぐにこれらを口に出してその手順を始めましょう。

　　次に進みましょう。
　　次は何でしょう？
　　その後何が起こったでしょうか？
　　この点は正確にしておきたいと思います。
　　すみません、考えていたことを忘れてしまいました。

準備の1つのステップとして原稿を書く

　弁護士の中には、メモの最終版を作成する前に、絶対にプレゼンテーションのスピーチ原稿を書き出さなければならないと考える人がいます。もし準備のために書くことが必要だと感じるのであれば、それに抗う必要はありません。しかし、書くことはそのプロセスの中で中間的な1つのステップにすぎないということを認識しておいてください。

　あなたは、自分が話すのと同じスタイルで文章を書くことはありません——ロースクールで、あなたは、弁護士らしい文章を書く訓練を受けていますが、

これは会話のような文章を書く訓練ではありません。法的な文章に使われるような言語で本当に話す人はいません。たとえあなたが写真のように完璧に記憶する能力を持ち、堂々と立って自分が書いたすべての言葉を正確に暗唱することができたとしても、それは自然には聞こえません。声に出して話すとき、法律用語だらけの誇張された表現はあまり効果的ではありません。それはあまりに文語的で、人工的に聞こえます。しかしながら、もし話す内容を書き出すことが自分の考えを整理することの助けになるのであれば、そうしてください。しかしその後で簡単に読むことができるヴィジュアルエイドを作成するか、水平的なメモを作ってください。一旦紙の上に構造を書き出すことができたら、その構造を使って即興で話す練習をしてください。

「後ろ向き」に考えることを避ける

　書いたものを、一言一句、まったく違わずに再現するために、暗唱しようとしてはならないということは、どれだけ強調しても足りません。もしこのようなことを試みた場合、あなたは、自分が、「後ろ向きに考えている」ことに気づくでしょう。脳は、自分がかつて書いたものを「後ろ向き」に考えることと、これから言おうとしていることを「前向き」に考えることとを同時に行うことはできません。そのようなことをしようとすると、あなたの思考プロセスは徐々に停止していきます。台本はプレゼンテーションの１つのバージョンにすぎないのです――そして、それはおそらく最もよいバージョンではありません。１回目に声を出して話すとき、あなたは同じ構造を使って、しかしそれを伝えるために別の言葉を使います。もう１回練習するとき、その同じ構造を具体化するためにまた別の言葉の組み合わせが出現します。「前向き」に考えてください。自分のアイデアを、毎回異なる、新しく作り出された文章で表現してください。言葉は変わっても、構造は同じままです。あなたは、練習するたびに上達し、より自発的でより説得的に聞こえるようになるでしょう。「前向き」に考えることによってどうやってあなたの一連の考えを保つのか理解するために、認知心理学からきた概念を考察しましょう。チャンキングです。

チャンキング

　人間の脳は情報を塊（チャンク）で受け取ることを好みます。もし相当な量の情報を思い出さなければならないとき、脳は、それらのたくさんの情報の破片を固めて塊にして、覚えることが少なくなるようにすることを好みます。10桁の電話番号はよい例です。10個の数字を覚えることは難しいので、電話番号は3つの部分に分けて「チャンク」されます。(555) 123-4567。括弧とハイフンによって、10個の数字が3つの塊に視覚的にグループ化され、覚えやすくなります。

　逆に、脳はまた、大きく複雑な構想については、より小さくより処理しやすい塊に分割することを好みます。たとえば、

1．個人情報
2．学歴
3．職歴
4．事故の日

　あなたのメモは、あなたが弁護士として話す予定の重要な話題（または塊）を示しています。聞き手が構造を追うことを手助けする1つの方法は、1つの話題または塊が終わるときや始まるときに、そのことをはっきりと示すことです。チャンキングは、大きく話題や構想のマクロレベルの構造を参照する際に用いることもできますが、個々の文章のミクロレベルの構造を理解するときに便利な考え方でもあります。次の章「声」の中で紹介するテクニックは、このミクロレベルの構造の上に組み立てられます。

◆構造：初頭効果と新近効果

　コミュニケーション理論では、「初頭効果」と「新近効果」ということが言われます。これは、聞き手がプレゼンテーションの最初と最後により多くの注意を払うということを意味しています。中間部分では、注意力と記憶力が低下することに伴って、心はしばしば散漫になります。終わりが近いという合図を

聞き手が受け取ると（「よって、結論としては……」）、注意力は再び増加します。

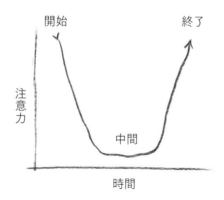

聞き手の関心をつかむための絶好の機会は多くありません。しかし、もしはじめに聞き手の関心をつかむことができれば、それをつかみ続けることはより簡単です。一番始めの時点から、形式面でも実質面でも、注目せずにはいられないようでなければなりません。もし自分の言っていることがどうでもよいことだとあなたが思っているように聞こえたとすれば、あるいは、あなたが自分の言葉に詰まってしまったとすれば、この機会を無駄にしてしまいます。次のような間を埋める無意味な言葉で始めるのはやめましょう。

　これは単純な事案で……（もしそうであれば合意で解決できたはずで、実際はそうではない可能性が高い）
　２〜３の質問があるのですが……（絶対に違う）
　ウォンさん、今日の調子はどうですか。（あなたは本当はどうでもよいと思っている）
　陪審員の皆さん、相手方の代理人は、たった今、多くの事実を述べました……（無意味な指摘）

　可能なときは常に、聞き手に覚えておいてほしいことをはじめに言うようにしましょう。たとえば、「あなたのＳＵＶがヘネシーさんをはねた瞬間、あなたはメールをしていたというのが真実なのではありませんか？」。陪審員たちは皆、次に何が続くのか、注意を払わないはずがありません。もちろん、その

ようなわかりやすい「つかみ」で始めることがいつも可能なわけではありません。しかし、あなたの発言は、自分のやるべきことを直ちに始めているように、そして、自分自身も興味を引かれているように、聞こえなければなりません。常に、あなたは聞き手をどこか興味深い場所に連れて行ってくれると思わせるだけのエネルギーと熱意をもって始めなければなりません。内容面で彼らの関心を引くことができない場合であっても、伝え方によって、いつでも、関心をつかみ、それを保持することができるのです。

　その言葉自体が暗示するとおり、関心を「つかむ」ことと「保持する」ことにはエネルギー──音声的で物理的なエネルギー──を必要とします。あなたは、弁護士として、直ちに力を尽くさなければいけません。始めるときに、証言台の上に手をついたり、ポケットに手を入れたりしてはいけません。ゆっくりと少しずつウォームアップしていき、ダイナミックになって、熱意と面白さを感じさせるようになるまでに何分もかかるのでは遅すぎます。そのような場合、ウォームアップを終え、一定のレベルに到達したころには、聞き手の心はどこかに行ってしまっているでしょう。

　もしあなたが聞き手を直ちに虜にするような方法で始めたとしても、100%の時間、注意して聞いている人はいないということを認識しておくことは重要です。人の心はさまよいます。注意力は、薄れたり、戻ったりします。その結果として、記憶力も、上がったり下がったりします。このことを知れば、弁護士であるあなたには、さまよう注意散漫な心を定期的につかみ、再び注意を払うように引きつけるという目標ができるでしょう。

　始まりと終わりでは注意を引きつけやすいので、それらをたくさん作ってください。プレゼンテーションを1つの始まりと1つの終わりしかないものとして考えるのではなく、それぞれの話題の範囲をはっきりとさせましょう。それぞれの新しい話題を見出しで始め（初頭効果）、その話題の結論をはっきりと目立たせましょう（新近効果）。もし主尋問の1つ目の話題が証人の「学歴」であるのであれば、一連の質問を始める前にその話題を告知し、初頭効果の発生する瞬間を目立たせましょう。──「ビットーヴァさん、これからあなたの学歴に焦点を当てていきましょう」。次の話題「職歴」に移る前に、1つ目の話題を閉じましょう。「私たちはあなたの学歴についてお聞きしましたので、

次はあなたの職歴についてお聞きしていきましょう」。反対尋問をする場合は次のような方法で見出しを付けるかもしれません。「私たちは溶鉱炉を整備する責任が誰にあったのかお聞きしました。では、次は義務づけられていた年次検査についてお伺いしましょう」。刑事事件の冒頭陳述や最終弁論において、検察官は次のように述べて終わりと始まりを作り出します。「陪審員の皆さん、私は国が証明すべき犯罪事実について説明しました。これから、それらの犯罪事実を証明するための証拠を確認していきましょう」。このようなやり方で話題の範囲が区切られたとき、プレゼンテーションはたくさんの始まりと終わりを持つことになるでしょう。新しい話題に見出しが付けられ、それが終わっていくたびに、ぼんやりしていた聞き手はもう一度注目することを求められます。注意力は中間ではやはり低下するかもしれませんが、それほどではなくなります。

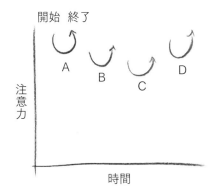

初頭効果と新近効果の原理を利用することは、プレゼンテーションの構造を覚えておくためにも有用です。一旦、事実認定者に対して議論する話題の範囲を声に出して述べると、その主題に陪審員の考えの焦点を当てやすくなるだけでなく、自分自身の考えの焦点も当てやすくなることに気づくでしょう。話題の範囲の始まりと終わりに用いる見出しだけでも声に出して練習をすれば、記憶する際の手助けとなるでしょう。一旦それぞれの話題の間を結ぶつながりを作ることができれば、全体の構造がはっきりと頭に入るはずです。裁判官、陪審あるいは仲裁人が構造を追うことができれば、彼らが注目することも容易に

なります。

◆戦術的な選択としての態度

　態度は表情と声の調子に表れます。日常の生活では、態度はその時々の状況に合うように調節されています。結婚式で乾杯のあいさつをするときと葬式で弔辞を述べるときとでは異なる態度をとるでしょう。採用面接では家族の集まりとは異なる態度が求められます。態度は、意識的に考えなくても変わります。しかし、弁護士としては、自分の目標に最も合う態度が何かよく考えて選択する必要があります。そうしなければ、態度が言葉や戦術とずれてしまいます。極端な場合、思いやりがなく不誠実に見えてしまうかもしれませんし、逆の場合には、感情をコントロールできていないように見えてしまうかもしれません。

　冒頭陳述では、あなたのテーマにとって最も適切な態度を選択してください。正しい言葉を選ぶだけでは十分ではありません。信用されるためには、あなたの言っていることがあなたの言いたいことであるように聞こえなければなりません。あなたの感情が言葉に合っていなければなりません。たとえば、ある冒頭陳述が「これはある悲劇に関する事案です」という感情に訴えるテーマで始まるとします。しかし、それにふさわしい態度とともに伝えられなければ、その文章は感情に欠けることになります。心のこもらない平板な声の調子であれば、弁護士が「これは株シメジに関する事案です」[訳注1]と言ったと誤解されてしまうかもしれません。言葉を発するだけでなく、それらの言葉に暗に含まれている感情を表現しなければいけません。

　主尋問のための態度を選んで練習しておきましょう。あなたの側の証人たちを尋問する際に、好意的に接しない理由はありますか？　もし彼らに陪審が好意を持ち、彼らを信頼できると陪審に感じてほしいのであれば、あなたも彼らに好意を持っていて信頼しているかのように話しかけてください。そのようにしない十分な理由がない限り、主尋問ではあなたの側の証人たちに対して、自

［訳注1］　原文では「a tragedy（ある悲劇）」と韻を踏む「broccoli（ブロッコリー）」が用いられているが、ここでは日本語で韻を踏む単語に置き換えている。

分の友人や同僚たちに対して話しかけるときに用いるような、親しみやすく魅力を感じさせるエネルギーを使って話しかけてください。会話の際に自分らしさを失わないようにしましょう。時には、戦術的な理由から、あなたと証人との間にある程度の感情的な距離を置くべき場合もあるかもしれませんが、そのようなことはほとんど起こりません。多くの場合、礼儀正しく好奇心にあふれる態度であることが適切でしょう。あなたはすでに答えを知っているので、証人が話さなければならないことについて本当に関心があるように見える態度をあえてとることが重要です。あなたは裁判官や陪審にその答えを知りたいと思ってもらいたいのですから、次のような態度をもって質問をするようにしましょう。

好奇心にあふれる
友好的
関心がある
賛成できる
驚いている
探索的
訝しんでいる
興味をそそられている
理解がある
同情的
感受性が強い
共感的

　反対尋問では態度に関して別の課題があります。最も優れた実務家たちは、容赦なく敵対的で攻撃的な反対尋問をすることについて警告を発しています。格言のとおり、「反対尋問は反対である必要はない」[訳注2]のです。証人が同意せざるをえない質問で始めるのであれば、同意できる内容であるかのように聞

こえることが──戦術的には──合理的です。もし証人がそれらの質問につい
てあなたと言い争ったとしたら、敵対的で不適切に見えるのは証人の方です。
優秀な法廷弁護士たちは、「陪審に先に結論に辿りつかせる」ことがいかに重
要かを口にします。それは、陪審があなたに強く対応することを期待して望む
ようになって初めて、そう対応すべきであるということを意味しています。も
しそのようなことが起きた場合には、次のような態度に変えることを検討しま
しょう。

イライラした
迷惑そうな
懐疑的
びっくりしている
驚愕している
衝撃を受けている
信じられない
困惑している
冷笑的
軽蔑的

　ただし、注意してください。一旦否定的になると、そのような敵対的な態度
にとらわれてずっとそのままになりがちなのです。いつまでもイライラして横
柄なままの反対尋問を見ているのはうんざりするほど不快なものです。感情を
コントロールしましょう。反対尋問では、証人を揺さぶり続けるために感情を
変化させましょう。新しい一連の質問に移る際に、新しい態度に変えましょう。
もし証人があなたの攻撃性に反応してより敵対的になってきたときは、別の態
度に切り替えましょう。証人があなたの次の一手を予期できないようにするた
めに、突如として、中立的な態度に戻り、あるいは、さらに進んで礼儀正しく
なってもよいでしょう。声が大きくなって叫び合いになった場合には、感情の
コントロールと道徳的な優位を再び得るために、突然、より優しく質問をしま
しょう。
　最終弁論でも、態度は強力で戦術的な武器になりえます。あなたは心と脳の

両方に訴えかけなければなりません。弁論の中には、感情と情緒に訴えかけるためにより情緒的になるものもあるかもしれません。別の弁論は、冷静で合理的で論理的になるかもしれません。

　手続のすべての段階において、話す内容と達成しようとする目的に合致する態度を選択しなければならないのです。

ミラーニューロン

　人間の脳の中で特定の神経細胞が発する電気信号についての近年の発見により、多くの人に対して話をするときに直ちに身体の動作をコントロールすることがいかに――神経学的に――重要かが明らかになりました。この解明は、猿とピーナッツについてのある実話から始まります。

　舞台は、イタリアのパルマにある神経科学の研究所です。1匹の猿が動作をコントロールする脳の部位を研究するために用いられています。彼がピーナッツを拾い上げようとして手を伸ばすと、その動作によって特定の音――ブー――が研究所のコンピュータから発生するように、彼の脳の運動皮質は配線でつながれています。

　休憩の間も、彼の脳はまだ配線でつながれていて、檻の中でまったく動かずに座っています。1人の研究者が研究室に入っていき、檻の近くにピーナッツがあることに気づき、それを取ろうと手を伸ばします。彼がそのようにすると、猿の脳が反応して――ブー――コンピュータが特徴的な「手を伸ばす」音を発します。猿は筋肉をまったく動かしていないにもかかわらず、彼の運動皮質の中の神経細胞は彼が観察している人の動作を反映して、あたかも彼自身が動いたかのような信号を発するのです。

　研究者たちはびっくり仰天しました！　この出来事は、今では「ミラーニューロン」と呼ばれているものを明らかにしています。それは猿や人間の脳の中に存在します。次のような文章でミラーニューロンの発見をまとめることができます。「見ることはなること、そして観察することは行うこと」。

　私たちの脳は、他の人々の動作を観察するときに、あたかも自分たち自身がその動作を行っているかのようにそれを反映させます。ミラーニューロンは、人類が他者についてとても直感的である理由の1つです。私たちは彼らをただ

見ているだけではありません。私たちは、神経学的には、彼らになっているのです。これらの神経細胞は、なぜスポーツを観戦することがこれほど人を引きつけ、なぜファンがその動作に情緒的に引き込まれるのかについての説明を容易にします。選手のありえない捕球や信じられないジャンプが魅力的に感じられるのは、ファンはその動作を見ているだけではなく、自分の脳の中に素晴らしいプレーを反映させることによって、そのプレーを行っているからです。「観察することは行うこと」。

　このことはまた、人々が悲しい映画で泣くのはなぜかについても説明しています。熟練した役者たちは、自分の顔や身体に「本当の」感情を見て取れるようにして私たちのミラーニューロンの引き金を引きます。すると、私たちのミラーニューロンは、脳の大脳辺縁系あるいは感情に関する機構に電気信号を伝達します。私たちが映画や演劇でうまく演じられたシーンを見るとき、役者たちはその動作を私たちの感情に接続しているのです。私たちは自分たちが見るものを経験します。

　同じように、自分自身とあなたを見ている人たちに信頼と安心の感情を抱かせるためにこのミラーシステムを利用することができます。あなたが裁判体や陪審の前に立つとき、あなたの脳は自分の動作をコントロールする特定のパターンで電気信号を発します。もしあなたの脳と聞き手の脳の機能的ＭＲＩを同時に取ることができれば、聞き手の脳はあなたの脳のパターンと同じようになっているはずです。あなたを見ることは、あなたになることに似ています。あなたのしていることを観察することは、彼ら自身があなたと同じことをすることと同じなのです。

　もし神経質な人のように行動すれば——たとえば、不安げに踊るような足の動きをする、小さく速くぎくしゃくした動きでジェスチャーをする、視線を部屋のあちこちに飛び回らせる——あなたの脳の神経細胞は神経質なパターンの電気信号を発します。その同じパターンは聞き手のミラーニューロンでも発せられ、彼らを不安にさせます。

　あなたがゆとりがあるようにふるまえば、聴衆は安心します。直ちに自分自身に対するコントロールを確立し、あなたに対する聞き手の感じ方に影響を及ぼしましょう。じっと動かずに立ち、意識しながら呼吸し、大きくジェスチャ

ーをし、アイコンタクトをとりましょう。それらの動作はあなたを落ち着かせ、信頼と安心を与えます。事実認定者は、同じ感情をあなたに返すでしょう。そのとき、あなたは陪審と本当につながることができ、弁護活動はわくわくと奮い立つような挑戦になります。そして、あなたはそれを楽しむことができるのです。

◆ 法廷での電子証拠の使用

　法廷で電子証拠[訳注3]を投影して使用することは、その効率性や有効性を理解する裁判官にも奨励されて、ますます人気になってきています。どのように効果的なスライドを選択しデザインするかを掘り下げることは本書の範囲を超えてしまいますが、弁護士と投影されたイメージとの間のダイナミックな相互作用は法廷におけるコミュニケーションの重要な要素になっています。

　一旦投影する適切なイメージを選択したら、次の課題はタイミングと焦点です。陪審がそれを読み、吸収し、理解するために、どれくらい長くそれぞれのイメージが画面に残るようにするか？　その同じ目的を達成するために、その間、彼らの焦点をどこに向けさせるか？

　これらのタイミングと焦点についての問いを、仕事上の会話の際にあなたがしていることと比較してみることは有益です。もしあなたが同僚に書面を手渡し、「これを読んでみて」としか言わなければ、彼女は、「全部？　どの部分？　どこ？」と困惑した反応をするでしょう。あなたはそのようなやり方ではなく、「最後の段落、特に最後の文章を読んでみて」とどこに焦点を向けてほしいかを彼女に伝えるはずです。それから、あなたは彼女に読んでもらうために話すのをやめるはずです。これは最も重要なことです。そうしなければ、同僚は途方に暮れて空を見上げ、「話すのを止めて！　私に読ませて！」と文句を言うでしょう。これはまさに陪審員が電子証拠について直面するジレンマなのです。あなたは彼らにそれを全部読むことを求めているのですか？　どの部分を？

［訳注3］　ここでは狭義の証拠にあたるものだけでなく、主張をまとめたスライドなども含めた概念として、「電子証拠（electronic evidence）」という語が用いられている。

あなたはどこに焦点を当てたいのですか？　彼らが何を読むべきか理解した後は、彼らがその部分を読むことができるように話すのをやめてください。

　法廷の中でも外でも、パワーポイントがいたるところにあることによって、あらゆる話し手が、人間が聞きながら同時に読むものだと──間違って──信じてしまっています。これほど真実から遠いことはありません。人間にはそのようなことはできません！　あなたの同僚は会話の中でそのようなことをすることはできませんし、陪審も法廷でそのようなことはできないのです。

　アドレナリンによるタイムワープの効果は沈黙を長すぎるものに感じさせますが、その効果の程度によっては、読むことをやめるという課題は、より難しくなります。あなたが法廷の中で話すのを止めるとき、沈黙が──とっても──ゆっくりと──忍び──寄る──ように感じられるので、あなたは早すぎるタイミングで飛び込んでいって話してしまうのです。もう時間だ！　というよりも、そのように感じられるのです。読み手がスクリーンに映っているものを読んで理解するのに必要な時間が経過するよりもずっと早く、あなたは先に行ってしまいます。陪審は重要な点を見逃してしまいます。話すことを十分に長く止めない限り、どんなに注目すべきスライドもあなたが望むような説得的なインパクトを持つことはないでしょう。

　スクリーンに表示される電子証拠を用いて弁護活動を行う際は、次のような伝達の基本的な要素を練習しておきましょう。

1．記録のために、画面に何が映っているのか特定する。画面に証拠の画像を表示する──または弁護活動で用いられる難解な言語では「陪審に提示する」──前に、それはまず特定され、証拠番号が振られ、その適格性が証明され、証拠請求され、証拠として採用されなければなりません。あなたがその文書を特定して他と区別し、証人がその適格性について証言し、他の証拠法上の基礎を提供した後、ようやくそれを証拠として請求することができます[訳注4]。まず証人が、その文書が、たとえば、病院の救急治療室の入院記録であると証言し、それに業務記録としての適格性があることを示した後、それを証拠として

―――――――――――――

［訳注4］　日本の訴訟手続においては、証拠として請求された後にその適格性が審査されるのが一般的である。

請求します。「裁判長、原告の甲18号証を証拠請求いたします」。

一旦その証拠が採用されたら、裁判官に対し、こう述べます。「これを陪審員に提示してよろしいでしょうか、裁判長？」裁判官の許可を得られれば、その画像をスクリーンに表示することができます。記録に残しておくために、それを他のものと区別して特定しなければなりません。「これは原告の甲18号証、病院の救急治療室の入院記録です」。たとえその証拠があらかじめ採用されていたものだとしても、「これが病院の救急治療室の入院記録です」と言って概括的にスライドに言及することはできません。記録のために、特定し、証拠番号を使いましょう。

2．陪審員に対して彼らが何を見ているのか知らせる。冒頭陳述に際して、電子証拠を用いるのであれば（ただし、用いることができるのは冒頭陳述で用いるためにあらかじめ採用され使用を許可された場合に限られます）、彼らが見ているものが何か、明示的に伝えましょう。「陪審員の皆さん、これは甲18号証、去年の7月27日付の病院の救急治療室の入院記録です」。そして、あなたの言っていることを彼らが確認することができるよう、どこを見るべきか伝えましょう。「この文書の冒頭の中央部分を見ていただければ、病院の名前があります。入院の日時はその左にあります」。話すのを止め、彼らに、それを見つけ、それに注目し、それを読む時間を与えましょう。息を吸って、しっかりと3秒間待つために、「1ミシシッピ、2ミシシッピ、3ミシシッピ[訳注5]」と声に出さずに数えましょう。

　もし表示する証拠が手紙なのであれば、それについて説明しましょう――たとえば、「被告のレターヘッドがこの文書の一番上にあり、この文書が書かれた日付がその下の右側に記載されています。その下の左側にはこれを受け取った人物の氏名と住所が書かれています」と言いましょう。自分が見ているものを陪審員の全員が見ていると思い込んではいけません。あなたは一番上の日付について話しているかもしれませんが、その間、1人の陪審員は一番下の渦巻きのような署名に魅了されているかもしれません。

　最終弁論では次のように言ってもよいでしょう。「では、証拠を見てみまし

［訳注5］　1ミシシッピと発音するのに要する時間がちょうど1秒間であると言われている。

ょう。救急治療室の医師が証言したとき、皆さんは原告の甲18号証をご覧になりました。画面に映っているのは、去年の7月27日付の救急救命室の入院記録です。それを一緒に見てみましょう」。

3．**彼らに見てほしい場所を正確に伝える**。特定してください。陪審が手引きなしでもどこを見たらよいかわかるなどと思い込まないでください。「ページの真ん中あたりを見て、『診断』という言葉を探し、その横にある救急救命医の手書きの部分を読んでください」。

4．**コンピュータを操作する人と礼儀正しくやりとりする**。もし幸運にもコンピュータを操作する助手をつけることができるのであれば、助手には礼儀正しく敬意を持って話しかけてください。陪審は、あなたではなくその人と自分とを同一視する可能性が最も高いので、その同僚に対してどのように話しかけるかは、陪審員があなたのことをどのように受け取るかという点に関して重要です。「リチャード、私たちのためにズームしてその文書の真ん中の部分を拡大してください」。はっきりと話しかけるようにしましょう。そして電子機器を使用する際に避けられない技術的なトラブルについて丁寧に話す準備をしておきましょう。

5．**あなたが取り出した部分と強調した部分について説明する**。弁護士たちと違って、陪審員の多くは定期的にパワーポイントのプレゼンテーションを受けるような環境では働いていません。ある文書の一部を取り出して拡大したり、原文に黄色でハイライトを入れたりするときには、何をしているか彼らに伝えましょう。あなたにとって明らかなことも彼らにとってはそうでないかもしれません。「私たちはこれからズームして文書全体からそのページの真ん中へと拡大していきます。その段落を黄色くハイライトして陪審員が見やすいようにしてください」。スクリーンの上で何が起こっているのか説明することで、彼らの注目を維持しましょう。

6．**文章を読んで吸収する時間を与える**。もし長文の契約書、手紙あるいは電子メールの一部分を見せるのであれば、陪審がそれを読む時間をとることを忘れないようにしましょう。しかし、それはまだ課題の最初の部分にすぎません。

さらに、彼らにその意味を十分理解するための時間をとってください。これが重要なポイントです。しばらくそれを染み込ませましょう。

　理解を確実にするため、文章を音読する前に、陪審に自分で文章を黙読させることを検討しましょう。どこを見るべきか、何を読んでほしいかを彼らに伝え、そのための時間をたくさん与えましょう。その後で、あなたがそれを音読します。次のようなことを言って、彼らに注目してほしい文章を紹介しましょう。「被告の乙26号証はこの事案で問題となっている契約です。3ページの一番下の段落を見ていただきたいと思います。リチャード、その段落にズームして大きく写してください。時間をとってそれを読んでみてください、陪審員の皆さん」。そして話すのを止めてください。これを理解するのは非常に簡単ですが、実際に行うのは非常に困難です。止まってください。あなたが必要と考えるよりも長い間静止してください。あなたはその文書を熟知していて、それが何を意味しているのかすでに知っているので、あなたには先に進む準備ができているのです。しかし、陪審は、法的な契約に用いられる言葉を読むことに慣れていないので、それを読んで理解するためにはあなたに比べてずっと長い時間を要するかもしれません。

7．**言葉だけでなく、伝えようとしているより深い意味を声に出して読み上げる**。声を出して読む方法についての箇所で説明したとおり、意味をはっきりさせるため、重要な点を強調して、フレーズで文章を語りましょう。おそらく、自分の表現が少し過度に感じられるくらいがちょうどよいのです。

8．**冒頭陳述や最終弁論の概要を投影しないようにする**。概要はつまらないものですし、それらはヴィジュアルエイドではありません。にもかかわらず、私たちは、弁護士が「私は思い出す手助けとするために、冒頭陳述の概要だけをパワーポイントにしています」と言うのを聞くことがあります。たとえ画面上の概要が思い出すことを手助けしたとしても、それは陪審の理解を視覚的に援助するものとしての資格を有しません。もしそれがあなたの利益になるとしても、それによって彼らを退屈させるべきではありません。

　投影する言葉としてどの言葉を選ぶかは慎重に検討しましょう。スライドは常に手助けしてくれるわけではありません。時には、2次元の画面に平面化さ

れると、冒頭陳述や最終弁論のための強力なテーマが中和されてしまうことも
あります。「絶望した人間は絶望的なことをする」というテーマは、それに合
う絶望のトーンを声に含ませて伝えられたときにはより心動かすものになるか
もしれません。契約に関する事案における「『契約』は『契約』です、陪審員
の皆さん」という単純なテーマですら、表現豊かに、さも当然のことで、誰も
が同意することであるかのようなトーンで──「契約は契約なんです！」──
と伝えられた場合の方が、画面から当たり障りなく読み上げられた場合と比べ
て、より当然のことと受け取られやすくなります。自分の意図していることを
話し、そして自分の話していることを意図してください。

9．定期的にスライドを消す。画面が真っ暗になると、陪審員の焦点はあなた
に戻ります。スライドを使って話すときによくある問題は、「パワーポイント
中毒」と呼ばれて評判の悪い、とどまることのないイメージの過剰投与です。
ヴィジュアルコミュニケーションの伝道師であるエドワード・R・タフトは、
そのことを、「1つのクソみたいなスライドが終わるとまた次のものが出てく
る」という言葉でまとめてこき下ろしています（彼の批評を十分に理解するた
めには、彼の短い論文「The Cognitive Style of PowerPoint（認識を踏まえたパ
ワーポイントのスタイルについて）」を読んでください）。

　画面を真っ暗にし、その後で、陪審のすべての注目をあなたが集めた状態で
彼らに話しかけましょう。あなたが画面を再びつけて別のイメージを見せると
き、その変化は彼らの注意を捉え、彼らが関心を保ちやすくします。別の話題
に移った後も長時間画面にイメージを残しておいてはいけません。直ちにそれ
を消してください。名残惜しげなスライドは気を散らせてしまいます。同じよ
うに、それが何なのか陪審が知るよりもずっと前にイメージを投影してはいけ
ません。彼らは、それが何なのか突き止めようとして混乱してしまい、そうし
ている間、話を聞くことをやめてしまうでしょう。スライドは正しい瞬間のた
めにとっておいてください。タイミングが決定的に重要なのです。

10．スライドのタイミングを練習する。あなたの事案のことをまったく知らな
い、そしてできることならば法律家でない誰かに頼んで、あなたがスライドを
練習するところを見てもらいましょう。その人に、それぞれのスライドを読ん

で理解するためにどれくらいの時間がかかるかについて、はっきりとしたフィードバックをしてもらうように頼んでください。単純な図であれば必要な時間は非常に少ないかもしれませんが、たくさんの単語を含む複雑な文章は、読んで内容を十分吸収するのに驚くほど長い時間を要することがあります。一旦イメージを画面に投影したら、それを見ている人にどこを見るべきか伝えてください。それから、その人にそのスライドの要点を完全に理解したときに手を上げるように言ってください。ただ推測するだけではいけません——タイミングについてのはっきりとしたフィードバックを求めてください。もし可能であれば、これを複数の人について試してみましょう。あなたの複雑なスライドを他の人が読んで内容を吸収するのにどれくらいの時間がかかるのか知ってください。

　最後に、証拠に関する各種のルールをはっきりと理解し、それに加えて、イメージを選ぶ参考にするために視覚的コミュニケーションの専門家による文献に当たってください。エドワード・R・タフトは視覚的コミュニケーションに関して何冊かの役に立つ素晴らしい文献を書いています。著述家であり並外れた法廷弁護の指導者であるフランク・R・ロスチャイルド[訳注6]は電子証拠を用いることについての文献を共同で執筆しています。そして、あらゆる法廷における弁護活動と同様に、あなたの裁判を担当する裁判官が何を許可し、その法廷においてどのような電子機器が利用できるのか、あらかじめ把握しておくようにしてください。

◆まとめ

　プレッシャーのかかった状態で考え、話すためには、タイムワープについて理解し、最終的にはそれを活用していかなければなりません。これは、アドレナリンによって作り出される、時間の進み方が遅くなるように感じられる現象です。このタイムワープを経験している間は、そのことを認識し、速く話しすぎないようにしましょう。変化した認識を受け入れ、意識して沈黙をあなたの

［訳注6］　原文ママ。フランク・D・ロスチャイルドの誤りと思われる。

テクニックの1つにしましょう。集中力のゾーンに入り込むためには、話す前に沈黙に耳を澄ますようにし、それからそれぞれのフレーズや文章の間で短く停止してその沈黙をプレゼンテーションに取り込みましょう。このことは、聞き手に、あなたがたった今言ったことについて考える時間を少し与えます。説得は沈黙の中で起こるので、裁判官、陪審、または仲裁人にエコーメモリーが言葉を処理する時間を与えるために沈黙を使いましょう。

　記憶の中から読み上げたり暗唱したりしないようにしましょう。構造化された即興に慣れましょう。プレゼンテーションを構築することを手助けし、ヴィジュアルエイドとしても用いることができるメモを作成しましょう。大きく、読みやすく、簡潔に書きましょう。自分のメモを使う練習をしましょう。忘れることを計画に入れておきましょう。それは実際に起きることです。

　準備のための1つのステップとしてスピーチや尋問事項を書き出す必要があるのであれば、そうしてください！　それからその構造を単純な見出しや箇条書へと減らしていきましょう。自分が以前書いたものに向かって「後ろ向き」に考えないようにしましょう。次に言おうとしていることに向かって「前向き」に考えましょう。

　プレゼンテーションに、より多くの初頭効果と新近効果を作り出すことに焦点を当てましょう。はっきりと区切られた始まりと終わりを用いて話題の範囲としましょう。フレーズや塊で考え、話しましょう。沈黙は句読点を耳で聞くことができるようにしたものです。

　手続のそれぞれの段階のために適切な態度を選びましょう。もしあなたの態度が明確であれば、あなたがどのような結果を求めているのか事実認定者が正確に理解しやすくなります。

　あなたのヴィジュアル、特に説明の補助に用いる電子機器や電子証拠がはっきりとしていて正確であるように準備しましょう。見せるスライドの数を制限し、それらが文章で埋め尽くされないようにしましょう。それから、それらのスライドを用いて練習しましょう。運を天に任せてしまいたくなる気持ちに抗いましょう！

自分自身に言い聞かせましょう

最初に沈黙を聞き、その後は考えながら話すために沈黙を使おう。

言葉が聞き手に染み込むように、聞き手に繰り返す時間を与えよう。

メモを見やすいように演台から下がって立とう。

アドレナリンは時間が経つのを遅くし、考える時間をくれる。

忘れること、そしてそこから立ち直ることを計画しておこう。

以前書いたものに向かって「後ろ向き」に考えるのではなく、次に何を言うかについて「前向き」に考えよう。

態度を選択しよう。

事実認定者がヴィジュアルエイドを理解するのを手助けしよう。

第3章

声
Your Voice

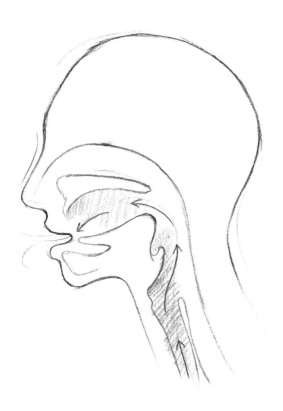

日々の会話の中で、自分の声を情緒豊かにするにはどうしていますか？様々な話題について、様々な人々と話すときに、どのように速さや音量、強さや高さ、口調を調節していますか？

　弁護士としてより説得的に話すために、まずは日々の会話で自分自身の声を聞くことから始めてみましょう。あなたは気づいていないかもしれませんが、私たちは皆、コミュニケーションをよりよくするために、絶えず会話の中で声を調節し続けているのです。以前、私たちは「会話中に両手をどのようにしているか？」という問題について考えてきました。今、同様の質問を自分の声についてもしてみましょう。「友人や同僚と話をするとき、声をどのようにしているのか？　自分の声は、様々な状況で、情緒豊かで適切な声になるため、どのように変化しているのか？」あなたは確かに会話の中で何を言うかについては注意を払っています。これからは、どのように言うかについても、もっと注意を払いましょう。

◆ 自分自身の声を聞く

　きわだつ弁護士になるという目標は、自然に声を使うということよりもさらに先にあります。より長い時間、聞き取りやすく、そして説得的に話すため、声に力とスタミナを与えるテクニックが必要になります。もしあなたの声が小さいのなら、より大きな音量で話し続けることに慣れなければなりません。もしあなたが恥ずかしがりで内向的なら、そのような傾向を乗り越えて、依頼者の裁判のために熱意あふれる弁護士になる方法を学ばなければなりません。もしあなたが非常に早口なら、速度を落とし、ペースをコントロールできるようにならなければなりません。最も重要なことは、裁判官があなたを見て「弁護人、どうぞ」と言うたびに、確実に、流暢に、そして明瞭に話すことができなければならないということです。

　もし自分の声が、甲高いとか、金切り声のようだと思うなら、より効果的に呼吸することで、ほんの少しイントネーションを下げることができます。この章では、呼吸について取り上げます。声の高さを根本的に変えることは不可能であることを理解してください。しかし、自分自身がよりよく聞こえるよう手

助けすることは可能です。そのことによって、あなたの声はより信頼できるものになるでしょう。同じように、もし声がうわずっていたり、かすれたりしていても、呼吸をよりよく支えることで改善することができるでしょう。

　録音を聞き直すことで自分の声を客観的に評価することが次の課題です。自分の声を聞けば、おそらく——あなた自身は——かなり違和感を感じることでしょう。この超批判的な主観的反応を乗り越えることは重要なことです。あなたの声はおそらくあなた以外の誰からもおかしいとか変だとか思われることはありません。

　声の改善は、現状の率直な分析から始まります。声を正確に評価するために、録音がなぜおかしく聞こえるのかを理解することが有益です。その答えは、私たちが自分の言葉を聞く方法が2種類あることにあります。あなたの声帯が振動するとき、その振動は空気を通過する（そして聞き手と自分自身の鼓膜へ）と同時に、身体を通過していきます。この現象は、人差し指を優しく両耳に入れて、この続きの文章を声に出して読めばわかるでしょう。指が、本来であれば空気を通して鼓膜に届く振動をブロックします。代わりにあなたが聞くのは、自分の頸部から頭蓋骨、そして内耳に至るまでの肉と骨を通じて別に伝わってくる振動です。次に、指を耳から離して、片方の手のひらを胸の上部、ちょうど首の下のあたりに置いてください。そして、声を出してこの文章を読むと、話すときに上半身も振動していることに気づくでしょう。この振動は胸の上部で感じることができます。耳の近くの空気だけが振動しているのではなく、身体自体が振動しているので、特に強く感じられるのです。

　肉と骨で作られるこれらの低い音程の振動がなければ、私たち自身の声はしばしば「鼻にかかったような」音に聞こえます。しかし、声には何も悪いところはないのです！　より強力で、自信に満ちあふれて、情緒豊かで、権威あふれるように、自分の声を使うところから始めましょう。自己批判的反応はやめて、本当の課題に取り組みましょう。その課題は、自分自身の声をより説得的に使うというものです。

◆肺と横隔膜

　第1章では、意識的に呼吸をする必要性とその仕組みについて論じました。意識的な呼吸は単にあなたを落ち着かせるだけでなく、より多くの酸素を脳に送ることを可能にし、より力を入れて、より通る声で、そしてよりコントロールして話すことを可能にします。呼吸を司る筋肉には、横隔膜と肋骨の間にある肋間筋があります。弁護士として話し始めるまでに、これらの器官すべてをウォームアップしておくべきです。

　次の段落を読みながら、自分の呼吸を観察してみてください。

　自律神経系が、あなたの呼吸をコントロールしています。小さな、そして微妙な動きが、あなたの胴体下部で起こります。次に、意識的に呼吸をし始め、より深く息を吸い込みましょう。肺をいっぱいに膨らませたときに、どれくらい完璧に、そして効果的に息ができたか気づいたでしょうか？　さらにより長く、より深く息を吸ってみてください。呼吸するための筋肉をもっと力強く動かしてください。ベルトを押し返すのです。

肋間筋と胸郭

　呼吸を意識的にコントロールする能力は、自分の声を使いこなす土台となります。横隔膜に加えて、肋骨の間にある肋間筋も、肺を広げるのを助けてくれます。両手を胸郭の一番下の部分に置いてみてください。それは、身体の両脇、ウエストと腋のおおよそ中間にあります。深く息を吸って、肺が広がるにつれて肋間筋が外側に動くのを感じてください。意識的にかつ深く呼吸することで、3次元の広がりを作り出すことになります。すなわち、腹部は前に動き、肋骨は両脇が外側に押し出され、背中は後方に伸びるのです。

　2種類の深呼吸を見分けることは重要です。1つ目は、第1章で述べたゆっくりとリラックスした深呼吸です。これは、話をする前に、気分を落ち着かせるためにする意識的な呼吸です。弁護士席に座ったら、ゆっくりと、落ち着いて、そして注意深く呼吸系の筋肉をウォームアップしましょう。意図的に深呼吸をすることで、感情を落ち着かせると同時に、差し迫ったアドレナリンの放

出をうまく導く準備をするのです。申立てや控訴審弁論の際に裁判官があなたに質問するときは、その質問を聞きながら深呼吸してください。主尋問では、証人が長い回答をしているとき、メモを見るために停止するとき、目的をもって別の場所へ黙って移動するときや単純に考えるために少し立ち止まるとき、あなたには呼吸をする時間ができます。冒頭陳述や最終弁論、反対尋問のときには、このようにゆっくり、ゆったりと息を吸う時間はありません。そうするのは単純に時間がかかりすぎるからです。あなたはより精力的に呼吸をすることになるので、声を十分に支え、声を押し出すために、もっとエネルギーが必要となるのです。

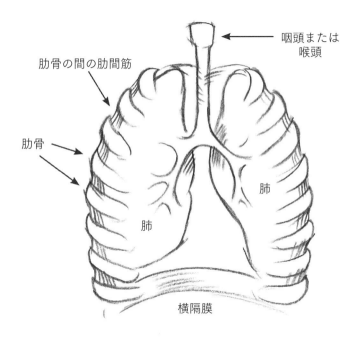

呼吸で声を押し出す

　第1章で説明した、息を中に吸い込み、外に出して話すためのアドバイスを思い出してください。息を吸い込み、息を吐くときに話す。どうか誤解しないでください──これは息を吸い込み、息を吐き出し、その後に話すようにすべ

きだと言っているのではありません。それでは話さなければならないときに、肺は空っぽになってしまっていてうまくいきません。息を吸い込んで肺を満たしてください。そして、肺がいっぱいになったら、声に力を与えるために肺の中の空気を使ってください。

　この世が始まってからマイクロフォンが出現するまで、演説をする人は非常に大きな音量で声を出すことができなければなりませんでした。シーザーがローマ軍の大軍団の前でした演説や、リンカーンが2万人の前でしたゲティスバーグの演説を想像してみてください——その際には屋外でマイクもなかったのです！

　1900年にウィリアム・ジェニングス・ブライアンがコロラド州ボルダーで行われたショトーカ集会[訳注1]で話をしたとき、地元紙は、彼の轟くような声が1マイル（約1.6キロメートル）先のコロラド大学のキャンパス内でも聞こえたと報じています（正確な言葉を聞き分けられたわけではないものの、うなるような声は聞こえたといいます）。かつて、演説者たちは、呼吸をコントロールするテクニックを持っており、大きな声を長時間出すことができたのです。

　今日でも、並外れた呼吸のコントロールと音量を持つステージパフォーマーはいます。クラシックの歌手や舞台俳優は、今でもバルコニー席の最後列に届くほどの大音量が出せるように訓練されています。特に、オペラ歌手は、音楽界のオリンピック選手です——肺の中の圧縮された空気の力だけで、マイクなしで、交響楽団全体に負けない大音量を出すことができるのです。オペラ歌手は太っているというステレオタイプは、実はある意味真実でもあるのです。オペラ歌手の余分な体重は、響き渡る高音を出すために必要な呼吸を支えるためのバラスト[訳注2]となるのです。彼らが深い腹式呼吸をするとき、余分な体重が腹壁を前に落とし、それにより横隔膜が平らになり、肺に大量の空気を流れ込ませます。この空気は、腹筋、横隔膜、肋間筋の働きによって圧縮されて喉頭まで押し戻され、そこで声帯が振動するのです。声帯の長さによって声質と音域は決まります。よく響くバッソプロフォンド[訳注3]であれ高音のテナーで

［訳注1］　19世紀から20世紀にかけてアメリカ合衆国で行われた成人教育運動であるショトーカ運動の集会。
［訳注2］　船の底に入れる重し。

あれ、あるいはまろやかなアルトやダイナミックなソプラノであっても、大きな声はすべて筋肉と練習によって生み出されるのです。

　この種の筋肉を使った呼吸は、弁護士にも直接適用することができます。あなたは広い空間をマイクなしの声で満たし、裁判官や証人、耳が遠い陪審のメンバーにも聞こえるようにしなければならないことがあります。一貫した呼吸のコントロールだけが、すべての言葉を聞き取れるようにするのです。たとえば、反対尋問では、重要な言葉は通常、質問の最後にあります[訳注4]。「マッカーシー船長、あなたは救助を求めなかったのですか、3時間も？」息切れするにつれ、声が低くなり、最後に声が小さくなるのは自然なことです。しかし、マッカーシー船長が助けを呼ぶのに何時間かかったのか、陪審員に疑問を持たせたままにすることはできません。この点が重要でなければあなたは質問していないでしょう。十分な大きさの声を出すには、歌手や俳優がしているのと同じことをしましょう。つまり、腹筋と胸郭の筋肉を使って、質問の終わりまで大きな声を出し続ける——あるいは質問の終わりの方に進むにつれて声を大きくしていく——のです。

声の疲れ

　弁護士として長時間にわたって話すことは、ときに声を疲労させます。疲労した声を解消するポイントは、喉頭にではなく、腹部にあるということを理解することが重要です。声は、息の支えが不足すると疲労していきます。声帯を通る空気が十分でない場合には、声を出そうとするときに喉に圧力をかけ緊張させることになります。こうなると声はかすれ、やがてとてもしわがれたように聞こえることになります。もし自分の声が疲れてきているように感じたら、呼吸で支えることに集中してみてください。息を吸い込むときに、腹筋をより力強く動かしてみてください。

　話題の合間に一旦停止するときに、注意深く息をしましょう。より深く息をするために、文章と文章の間でより長く止まってみましょう。腹部から呼吸を

［訳注3］　バス〔声楽における最も低い音域の声種〕の低音域。
［訳注4］　英語の場合。日本語ではそうとは限らない。

することは、あなたの声を守ることになるでしょう。

喉頭と声帯

横隔膜は肺から空気を押し出し、空気は気管を通って、喉頭へと流れ登ります。喉頭は、声帯が収められているいわば「発声器」です。声帯は、ときに、喉頭をふさぐように伸びる2つの分厚いゴムバンドのように描かれることがありますが、実際は帯のようにはなっていないのです。声帯は、喉頭の横にある2つの軟骨のひだで、その間に空間があります。何かを話すとき、空気がひだの間を抜けていき、それによりそれらのひだが振動するのです。声帯を通過する空気の量が多ければ多いほど、声の音量あるいはデシベルは大きくなります。とても小さなささやき声では、ほとんど空気が使われないので、声帯は振動しません。他方、全力の叫び声では、声帯が激しく振動することになります。

喉頭をうまく使っても、声は大きくなりません。不必要な力を首や喉、そして声帯にかけても、単に音量を制約することにしかなりません（そしておそらく声帯にダメージを与えるでしょう）。空気が過度の力に妨げられることなく、声帯を通過することができるように首と喉をリラックスさせましょう。首と喉頭が、より開き、よりリラックスをして、そしてより正しい位置にあるほど、声帯をより自由に、容易に、そして力強く振動させることができるのです。

ひとたび首と喉頭が正しい位置に調整され、横隔膜と肺が適切に動くようになれば、あなたの声は自然な倍音[訳注5]をすべて含むようになり、一番よい音に聞こえるようになるでしょう。場合によっては、強調するために声を低くすることはあるでしょうが、そのとき以外は声をより低くしようとしてはいけません。自分の声を本来の声と違うものにしようとして、低い声で話そうとすると、声帯にダメージを与える可能性もあるのです。

声帯を直接見ることはできないので、声帯を厳密にコントロールすることは困難です。あなたは身体の感覚に頼らなければなりません。ヴォイストレーナーの中には、喉を開いたときの感覚と、驚いて速く深くはっと息を飲むときの

[訳注5]　基本となる音の整数倍の周波数を持つ音。倍音を多く含む声は心地よく聞こえるとされる。

感覚とを比較する人がいます。喉頭に優しく指をおいて、驚いたように力強く息を吸い込んでみてください。喉が開くときに、喉がどれだけ下に動くか感じてみてください。その感覚が、あなたが探し求めている感覚——リラックスして喉が開いている状態——なのです。

調音器官と発音

調音器官[訳注6]——すなわち顎や唇や舌（舌は歯や口蓋と相互に作用するものです）——は、一連の空気振動を理解できる言葉へと変換します。さらに、顔には44個の異なる筋肉があり、それらの多くが1つひとつの言葉をはっきり発音させ、アイデアを明瞭に表現させることに関わっています。より力強くより正確にこれらの筋肉を動かすほど、聞き手はあなたの話をより理解できるようになります。

会話の中では、調音器官が十分に使われないことが多く、音節や子音——特に末尾の子音——が脱落してしまうことが多くあります。私たちは、次のように書いたとしても、

質問：When are you going?
答え：I'm going to leave about nine.

実際には、しばしばより少ない音節で、子音を脱落させて、このように言っています。

質問：When ya goin'?
答え：I'm gon' leave 'bout nine.

会話の中では、文章の文脈とメロディの曲線が、相手の言葉の理解を助ける機能を果たします。調音が十分でないことは、一般的には問題になりません。しかしながら、弁護士として理解をしてもらうためには、1つひとつの子音に適切な発音を与えていかなければなりません。すべての子音を味わってくださ

[訳注6]　調音器官とは、声帯以外の、調音の役割をする音声器官であり、唇・歯・歯茎・口蓋・舌・咽頭などを指す。

い。普段の会話では脱落させてしまうような子音であっても、すべてじっくりと味わってほしいのです。

はっきりと発音するためのウォームアップ

最もクリアなスピーチを実現するための一番よい方法は、細かい発音にも注意を払いながら、力強く明確に発音することです。朗読法は、かつては小学校で教えられましたが、今ではそれは古風なものに思えます。朗読法という言葉は、襟を正した直立不動の姿勢のひどく保守的な教師が教える、過度にフォーマルなスタイルを連想させます。俳優や歌手、アナウンサーは今でも発声法を学びますが、それ以外の人々にとって、朗読法や伝え方の勉強をすることは今ではすっかり廃れてしまっています。

やはり、理解されるようにはっきりと話すには細やかな正確さが必要です。調音器官はあなたのテクニックに必要な重要な部位であると考えてください。ちょうどアスリートが競技会の前にウォームアップをするように、話す前に調音器官をウォームアップしてください。すぐに動き出せるように自分の調音器官を準備してください。そうすることで、プレゼンテーションの冒頭で舌がからまってしまうようなことが減るでしょう（プレゼンテーションの始めの部分で流暢に話すことに失敗することには、2つの悪影響があります。1つは自信を失わせてしまうこと、もう1つは消極的な第一印象を与えてしまうことです）。

ウォームアップにはたくさんの方法があります。調音器官と顔の筋肉をストレッチして活性化するために、プライベートな空間と時間を2〜3分見つけてください。もしあなたが今プライベートな空間にいるのなら、このテクニックを学ぶために、実際に顔の筋肉を伸ばしてみてください。

可能な限り口を大きく開けてください。そして同時に、目を見開き、眉を上げてください（恥ずかしがらないでください。誰も見ていませんから）。舌も外に突き出してください。同じ筋肉を圧縮して、このストレッチを続けましょう。舌を引いて、唇をぴったり閉じて目をぎゅっと固く閉じて顔をしわくちゃにしてください。この2つの異なる動きを交互に行ってみてください。顔の筋肉を、伸ばして、それからぎゅっと縮める、伸ばして、それからぎゅっと縮め

る。これを何回か繰り返してください。次に、顔のすべての筋肉を顔の右側に移動させようとしてください。それから、左側に。顔のすべての筋肉を上に持ち上げて、それから下に下げてください。顔の筋肉をランダムに動かして、ありとあらゆる筋肉を伸ばしてください。はい、やめてください。そして、それらの筋肉の中の血流が増加する温かいかすかな感覚を感じてください。一番始めからはっきりと話すために、ウォームアップしましょう。

　次に、唇と舌先のウォームアップをしましょう。次のような意味のない音節を繰り返し声に出してください。慣れてきてウォームアップしてくるに従ってスピードを上げてください。

　niminy piminy, niminy piminy, niminy piminy（等々）

子音の「n」を発音するために、上の前歯の裏に舌の先を置いてください。そして、「m」と「p」を唇で形を作ることで発音します。深呼吸をして、もう一度このパターンを大げさに表現してみましょう。本番で話すときよりももっと、きびきびと精力的に調音器官を動かしてください。これで楽にはっきりと話せるように準備ができるでしょう。

　今度は、同じ音節を、声の高さを低い声域から高い声域へと動かしながらもう一度声に出してみてください。音程を高くしたり低くしたりして、調音器官をウォームアップしながら、声帯もウォームアップしてください。

　次の練習では、調音器官を前から後ろに動かします。こう言ってみてください。

　butta gutta, butta gutta, butta gutta（等々）

子音の「b」を声に出して、それが唇でどのように作られるのか感じてください。「t」の音は舌と歯で作られます。「gu」の音は、口の奥で舌の奥の部分が弧を描いて口蓋にくっつくことで作られます。この練習を繰り返し、唇から口の奥へと子音が動くのを感じてください。もう一度大げさに声に出してください。声の高さを低いところから高いところへ、高いところから低いところへと動かしてください。

　早口言葉を使うことで調音器官をウォームアップすることもできます。たとえば、英語では次のようなものがあります。

Girl gargoyle, guy gargoyle

Swiss wristwatches

　調音器官をウォームアップするもう 1 つの方法は、舌がからんでしまう言葉のリストを頭の中で作り始めることです。そのような言葉を集めて、ウォームアップの練習に使うのです。個人的に苦手に感じている特定の子音を含む単語──たとえば、「statistically significant（統計的に有意な）」というフレーズの中の「s」の繰り返し──に詰まってしまうのであれば、ウォームアップにその単語やフレーズを用いるのです。

　statistically significant, statistically significant, statistically significant（等々）

大げさに明瞭に発音し、徐々にスピードを上げながら、何度も言ってみてください。

　顔の筋肉の血流を増やし、話す準備をするために、このウォームアップの練習では、発音を明瞭すぎるくらいにして行ってください。もちろん、法廷で話すときに、このように発音を誇張することはないでしょうが、これはウォームアップには最良の方法なのです。

　呼吸と調音の筋肉がウォームアップし、働く準備が整ったら、次のステップは、これらの筋肉が供給するエネルギーをどう導くかを選択することです。このような選択をするためには、まず選択をするための時間を確保することが必要です。そこで、話すペースをコントロールするという次の議論につながるのです。

◆説得的な選択をする

　説得的に話すためには、話す言葉を自然に選択することが求められます。話す言葉を選ぶ際に、意味を明確にするためにどの言葉を強調すべきかも同時並行で決めなければなりません。申立てや弁論で、どの文をさらに強調すべきなのか？　一連の質問の中で、どの質問を特別に強調すべきなのか？　個々の質問の中で、どの言葉が最も重要なのか？　印刷されたページに黄色のハイライ

トを引くように、声を使って、重要な単語、文節や文章に、聞いてわかるようなハイライトをするのです。しかし、その部分を選び出すには時間がかかります。第2章で、アドレナリンが時間の進行を遅くしてくれると説明したことを思い出してください。その時間——そしてそれによる沈黙の瞬間——を使って、自分の言いたいことを考えるだけでなく、それをどう表現するかも考えてみましょう。

　沈黙は、説得的なスピーチの秘密の原材料です。もしあなたが沈黙することを居心地が悪いと感じていたら、あなたは速く話しすぎることになるでしょう。そして、自分の話していることについて考える時間を十分にとらず、その結果、その文章はひどい構成になり、伝え方もぎこちないものになるでしょう。舌もからむでしょう。あなたは、まず話をし、その後に考えるようになります。つまり、脳が何を言うべきか決める前に、口が動き、言葉が発せられてしまいます。また、速く話すことにより、脳が考えるための時間を少しでも多く見つけようともがいて、思考中のノイズ——「えー」や「あのー」や「そうですね」など——の多用につながることがよくあります。やがて、あなたの自信は崩れ去り、あなたは失敗して炎上する恐怖におののくようになるでしょう。これに対して、説得的に話すことは、話すペースをコントロールするところから始まります——そして、そうするためには、沈黙に慣れなければなりません（第2章で、もし聞き手があなたの言っていることについて考える時間がなければ、聞き手は、あなたの言ったことを覚えていることができず、それに説得されることもないと指摘したことを思い出してください）。

エネルギーを高め、ペースを落とす

　説得的なスピーチには、カジュアルな会話と比べて、より大きなエネルギーが必要になります。だからこそ、自然体でいるだけでは仕事をうまくやりきるには不十分であり、弁護士として心地よいというだけでは説得的であることと同じにはならないのです。説得的なスピーチに必要なエネルギーの1つの源は、あなた自身のアドレナリンです。アドレナリンは、生命を脅かす可能性のある状況に対処するための追加のエネルギーを身体に与えます。人々は不安なとき、「神経の高ぶりに対処する」とよく言います。その感覚を取り入れ、自分の中

にすでにあるエネルギーに集中してください。自分自身にこう言い聞かせましょう。「よし！　緊張しているぞ。緊張は、さらなるエネルギーを与えてくれる──そして、このエネルギーは説得的に話をするための原料になるんだ」。

　エネルギーあふれる話し手のことを考えるとき、エネルギーとスピードとは同じことではないかと考えるかもしれません。つまり、エネルギーあふれる話し手は、早口の話し手であると。しかし、必ずしもそうではないのです。エネルギーは速く話すことにも使えますが、力強く話すことにも使えるのです。弁護士が説得的に話すときには、たくさんのエネルギーを使います──それは速さではなく、強調と明瞭さのためです。人は、説得的に話をするときには、よりエネルギーにあふれるようになると同時に、話すペースを落とします。エネルギーを高めることで話している内容の重要性を示し、ペースを落とすことで聞き手に話されている内容について考え、それによって説得される時間を与えます。エネルギーは高まり、ペースは落ちるのです。

　ウォームアップし、呼吸と調音器官を活用することで、エネルギーを高めます。ペースを落とすためには、チャンキングの考え方を用いてください。脳は、言葉を塊に区切る時間があるときに、一番よく機能します。同様に、聞き手は、メッセージを小さな塊で受け取るとき、よりよく理解するのです。

文章全体ではなく、フレーズで話す

　日々の会話の中では、ひと塊ずつ、自分の考えをまとめて、文章を組み立てていきます。１つのフレーズへとグループ化された複数の言葉が、１つの塊になります。複数のフレーズは、より大きな塊もしくは文章へとまとめられます。書かれた文章の中では、句読点──コンマやピリオド、疑問符や感嘆符、ダッシュなど──が、１つの塊の終わりを示します。１つのアイデアを中心に構成された複数の文章は１つの段落となり、段落同士のより大きな塊は、インデントや行間を空けることによってその範囲が視覚的に示されます。話すときには、聞き手に聞こえる句読点を提供するのです。

　プレゼンテーションの一番始めの部分では、アドレナリンによって作り出されたタイムワープを感じている可能性が最も高いので、意識的にフレーズで話し、それらの間に小さな沈黙の隙間を設けて考えるようにすべきでしょう。フ

レーズや文章の間の沈黙は、その塊の始まりと終わりの合図を聞き手に送ることになります。もし沈黙がなければ、聞こえる句読点がなくなるのです。その結果、混乱が起きます。この段落が次のように、目に見える句読点がまったくない状態で書かれていた場合に、それを読むことが（あるいはそれを理解することが）読み手にとっていかに難しいかを想像してみてください。

　　プレゼンテーションの一番始めの部分ではアドレナリンによって作り出されたタイムワープを感じている可能性が最も高いので意識的にフレーズで話しそれらの間に小さな沈黙の隙間を設けて考えるようにすべきでしょうフレーズや文章の間の沈黙はその塊の始まりと終わりの合図を聞き手に送ることになりますもし沈黙がなければ聞こえる句読点がなくなるのですその結果混乱が起きますこの段落が次のように目に見える句読点がまったくない状態で書かれていた場合にそれを読むことがあるいはそれを理解することが読み手にとっていかに難しいかを想像してみてください

　言葉はすべて正しいのですが、適切な句読点がなければ、読み手が文章の構文を分析しそれを理解することがずっと難しくなってしまうのです。話し言葉でも、同じような課題があります。聞き手には、塊の始まりと終わりを知らせる合図——すなわち聞こえる句読点——が必要なのです。これらの塊がフレーズであっても、文章であっても、段落であっても、断続的に発生する沈黙の瞬間を通じて、その意味が曖昧なところなく明確になるのです。

　アドレナリンによるタイムワープのために、ゆっくりとしたペースや速いペースというものが本当はどのくらいのペースなのかについての正確な感覚を持つことはできません。そのため、それぞれの文章あるいはそれぞれの質問を注意深く構築するのに十分な時間を脳に与えるために、フレーズで話すことを心がけてください。文章や質問をひと塊ずつ作り上げましょう——時には1つの意味の塊が1つの単語だけとなることもあるでしょう。第2章で論じたように、脳は塊で考えることを好みます。それは聞き手の認知プロセスに完璧に整合する戦略なのです。これはうっとうしく感じられるようになるほどのろのろとしたペースでゆっくりと話すこととは違います。ゆっくり話すというと、調音器官をゆっくり動かさなければならないと思うかもしれませんが、そのような話

し方はおかしく聞こえるのです（1……単語……ずつ……考え……たり……話し……たり……する……こと……は……あり……ません）。「文章全体ではなく、フレーズで話す」ことは、脳に対する指示としてより実践的な指示なのです。

　もしあなたが機関銃のように話す本当に早口の人なのであれば、定期的にその機関銃の引き金から指を離すことによって、ペースをコントロールしてください。フレーズで話し、フレーズの間の沈黙によって、事実認定者にあなたが話したことを咀嚼させ、それによって彼らが説得されるようにしましょう。言葉があなたの口から飛び出してしまっても、その言葉の暴発を処理する時間を与えることはまだできるのです。

　対比を生み出すために、重要な文章や質問をよりゆっくりとしたペースで話す練習をしてください。もしすべてを同じ速いペースで話せば、すべてが同じように聞こえ、その重要さも等しく聞こえるでしょう——実際にはそうではないにもかかわらず。その重要性がわかるように、重要な発言は、よりゆっくりと、より落ち着いたペースで話されるべきなのです。

フレージングの方法

　10代の子どもが遅くまで帰ってこなかったことを不満に思った両親が、その奔放な子どもが二度とそのようなことをしないように説得しようとする場面に出くわしたと想像してください。話すペースは遅くなり、エネルギーは高まります。フレーズごとに話をし、エネルギーを維持した状態で、両親はこう強調して言うのです。

　　もしあなたが今後一度でも
　　また帰ってくるのが
　　こんなに遅くなったら
　　あなたは
　　1か月の間
　　外出禁止になりますよ
　　ちゃんと聞いてる？

　これを、大きな声で、説得的に言ってください！　落ち着いて、1フレーズ

ごとに、本心から思っているように言ってください。自分に対してそう言われたときのように、あるいは自分自身がそう言ったときのように言ってみてください。

　メッセージの重要性がわかるように、ペースを調整しましょう。つまり、話した内容が相手に染み込むために十分な時間を与えるような、ゆっくりとフレーズで話すリズムを見つけるのです。早口で話してはいけません。もしさきほどの警告が早口で語られていたら、それは信頼できるようには聞こえないでしょうし、説得的にも聞こえないでしょう。説得的なスピーチでは、エネルギーはキーワードを強調するために使われるのであって、ペースはゆっくりと落ち着いたままなのです。

　私たちは、１つのまとまりの文章を暗唱するときには常にフレーズごとに話しています。たとえば、アメリカ合衆国の市民が忠誠の誓い[訳注7]を暗唱するときには、フレーズごとに話しているのです。

> I pledge allegiance（私は忠誠を誓う）
> to the flag（その旗と）
> of the United States of America,（アメリカ合衆国の）
> and to the Republic（そして共和国に）
> for which it stands,（その旗が象徴する）
> one phrase（１つのフレーズを）
> at a time ...（一度に……）

この忠誠の誓いは、フレーズで話す例として、よく知られている完璧な例です。毎回のプレゼンテーションの始めに、正しいペースをつかむためにこれを使ってみましょう。まず、何を言いたいか決め、それから忠誠の誓いのリズムを参考にした、落ち着いたペースで話す練習をしましょう。そのリズムを使って、

［訳注7］　アメリカ合衆国に対する忠誠心の宣誓の文言であり、アメリカ合衆国では公式行事や学校などにおいてしばしば暗唱される。なお、忠誠の誓いの原文は、以下のとおりである。
　I pledge allegiance to the Flag of the United States of America, and to the Republic for which it stands, one Nation under God, indivisible, with liberty and justice for all.

自分自身に次のように言い聞かせましょう。

> このリズムが
> 話すペースをコントロールするため
> 私が用いるリズムだ

　フレーズで話をする雄弁家としてよく知られている例はたくさんあります。たとえば、ジョン・F・ケネディ大統領は、その就任演説の中で、次のような言葉で、説得的に、フレーズに区切って、国民に呼びかけました。

> 問いかけないでください、
> あなたの国が何を
> あなたのためにできるかを。
> 問いかけてください、
> あなたが何を
> あなたの国のためにできるかを。

この引用を読み上げる際、それが速すぎると、その力は失われてしまいます。ゆっくりと口に出し、キーワードを強調すれば、1フレーズごとに話すことによる力を感じ始めるでしょう。もう一度、ケネディの言葉を声に出して、以前よりももっとゆっくり読み上げてみてください。フレーズの間の小さな沈黙の隙間に耳を傾けてください。その隙間をもっと長く引き伸ばしてください。ゆっくり話せば話すほど、あなたの伝えたい考えはより重要に感じられるでしょう。

ペースを変える

　弁護士としては、あらゆることを、ゆっくりと、落ち着いて、フレーズごとに話すわけではないでしょう。話す内容が重要なとき——つまり話す内容について聞き手にしっかりと考えてもらいたいとき——には、フレーズで話してください。第2章で論じたように、プレゼンテーションの始めと終わりは、初頭効果と新近効果による恩恵を得るために、注意深く練り上げられるべきです。この始めと終わりの中間の部分では、何か特に注目すべきことを言うときは常

に、フレーズで話すようにしましょう。それは、冒頭陳述の中である事実を強調するときや、最終弁論の中である主張を強調するとき、あるいは尋問の中で鍵となるような質問をするときかもしれません。前置きの情報に触れるときは、より速く話してもよいでしょう。たとえば、「7月15日に起きたことに話を移しましょう……」といった移り変わりの文章は、論理的な部分で、より速く話してもよいでしょう。聞き手は、その移り変わりの文章をフレーズごとに聞く必要はありませんし、それに続く前置きの情報についても同様です。説得するという目的に沿うように、ペースをいつどのように変えるべきかについて、絶えず選択することになるのです。

　より決定的なポイントにさしかかったときにはいつでもペースを落としてフレーズで話せるように、ペースを十分柔軟にしておきましょう。その決定的な情報にさしかかったら、フレーズごとに話をし、ペースを落とし、エネルギーを高く保ってください。こうすることで、聞き手に、あなたの言ったことについて考え、それを記憶し、それによって説得される時間を与えるのです。

　この必要とされるペース変化──ゆっくりとしたペースから速いペースへ、それからゆっくりしたペースになり、また速いペースになる──は、駅から出てくる列車の動きに似ています。あなたの考えを載せた列車を軌道に乗せるために、ゆっくりと話し始めてください。聞き手が始めの部分に注目しているときに、そのような落ち着いたペースで話すことはそれが重要な部分であるという合図となるでしょう。汽車が蒸気圧を上げていくように、あなたは、話を進めるにつれて、必然的にスピードを上げていくでしょう。駅──すなわち、その途中にある重要なポイントすべて──に到達するたびにまた速度を落とし、聞き手が皆ちゃんとその列車に乗っているか確かめてください。

　脳はフレーズごとに文章を作り出すので、人は、ある意味、常にフレーズで話をしています。重要なことを話すときには、このフレーズの間の隙間はわずかに長くなります。つまり、フレーズの間でより多くの時間がかかることになり、そのために沈黙がより長くなります。前置きの情報や移り変わりの場面でも、フレーズで話すことには変わりありませんが、フレーズの間の隙間は短くなるか、まったく消え去ってしまうことになります。

最初の一言でペースをつかむ

　話をするときはいつも、口から出る最初の一連の言葉が、その後のペースを決定します。そのため、最初の2〜3文が早口にならないように注意してください。

　　　では述べさせていただきます。これは人違いの事件です。ジョシュア・フランクリンは、強盗のあった夜、別の州にいたのです。

　テーマを語るときでも、ありふれた決まり文句を使うときでも、弁護士たちは通常とても速く話し始めます。決まり文句は、機械的に反復される情報であり、それに続く内容ほど興味深いものではありません。最初に発する言葉が速すぎると、その忙しないテンポは持続しがちです。そして、より重要な文章に辿り着いたときにも、ペースを落とすことが難しくなります。

　この問題を避けるために、最初の文章を声に出す練習をしましょう。始まりのペースを、意識的に、もっとゆっくりとした落ち着いたペースにしてください。急いで投げ捨てるように言うのではなく、フレーズごとに言ってください。意味のない儀式のように言うのではなく、それに本当の意味を持たせて言ってください。なお、法律文書作成の専門家であるブライアン・ガーナーは、「では述べさせていただきます（May it please the court）」[訳注8]という言い回しは、質問のときに用いるような語尾を上げた抑揚で伝えるべきものではないと主張しています。彼は、その言い回しは陳述であり、映画スターウォーズに出てくる言い回しのように、強調されて語尾を下げた抑揚で言うべき言葉であると強く考えています。声に出して堂々と言ってみて、違いを感じてください。「フォースと共にあらんことを（May the Force be with you）」。

落ち着いて話し始める

　一旦決まり文句が終わり、実質的な部分に入ったら、ペースをコントロール

[訳注8]　裁判において当事者が発言する際に述べる定型的な言い回しの疑問文であり、直訳すると「裁判所のお気に召すでしょうか」となる。

し続けてください。落ち着いてフレーズごとに話すことのメリットは、ペースがよりゆっくりとなり、それによって生じるフレーズの間の思考時間が増えることによって、自分の認識をコントロールしやすくなることにあります。話しながら、自分が何を言っているのかを考える余裕ができるのです。フレーズや文章の間に頻繁に短い隙間ができるような話し方で話し始めれば、その後にその隙間の1つがほんの少し長くなったとしても、ほとんどわからないでしょう。それらの沈黙は、あなたの思考が脱線しないようにする保険のようなものになり、話を戻して先に進むことを可能にしてくれるでしょう。会話では、文章がどのように終わるのかを考えることなく話し始めます。一度も詰まったり言葉を修正したりすることなく、長く複雑な文章を考え出すために、沈黙を利用しましょう。

◆ 思考中のノイズをなくす

　会話の中で話すとき、多くの人はしばしば「えー」とか「えーっと」とか「あー」といった思考中のノイズを使っています。これは知性や教育の問題ではありません。習慣の問題です。高学歴の話し手であっても、彼らが思っている以上に、多くの思考中のノイズを使いがちです。意識的か、無意識的かが、まさに問題なのです。話し手の中には、「えー」を、1分間に10回、15回、時には20回も習慣的に使っている人もいるのです！　ぱっとしない話し手が「えー」を何回使ったかを数えてみてください。きっと驚かされることでしょう。

　あなたには「えー」と言う習慣がありますか？　すべての習慣と同様に、この習慣は、無意識的で反射的なものなので、これをやめなければならないような強い理由は感じていないかもしれません——録音で自分自身の声を聞くまでは（自分が留守番電話に残したメッセージを聞いてみてください）。日々の繰り返しを通じてこれほどしみついた問題点をコントロールすることが難しいのは、何ら不思議なことではありません。自分がどれだけ「えー」と言っているかを知れば、それをやめようという気になるでしょう。

　自然体でいるということは、過剰で耳障りな、いつもの会話で使われる「えー」とか「あのー」とか「なんか」とか「だから」を含んでしまいます。思考

中のノイズは、単純に自分自身に「自然であれ」と言うだけではだめなことの好例です。弁護士として話すときになって、このしつこい習慣を取り除こうと考えるのでは遅すぎます。そのずっと前から、変える努力をしなければなりません。思考中のノイズをすべてなくすことを目標にしてください——法廷で使わない、会議室で使わない、電話で使わない、依頼者と話す際にも使わない。常にはっきりと話す弁護士になるために努力しましょう。

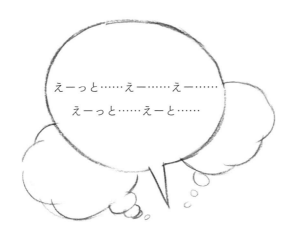

　思考中のノイズは、典型的には、フレーズで話しつつも句読点として沈黙を用いないときに起こります。沈黙すべきところに、1秒間の単音節の「えー」を挿入してしまうのです。このノイズは、自分が話す番だということは知っているけれども、次に言うべき内容を考えるためにいっときの時間を必要としているということを示しています。思考中のノイズは、ほとんど常に1秒程度で、同じ音程の声で発生します。それによって、思考中のノイズが話に平板さをもたらすことになり、そのことが気を散らせ、耳障りなものになります。
　それ以外のいくつかの特定の言葉も、思考中のノイズとして機能することがあります。しばしばフレーズや文章の間に挿入される「だから」などの表現は、話し手に考える時間をいっとき与えます。子どもたちや10代の少年少女たちは、「なんか」という言葉を同じように使っており、大人でも使う人が多くいます。このなんか耳障りで幼稚な口癖以上になんかその人が自分の職業的地位をなん

か十分に認識していないことをなんか明確に示すものはなんかないでしょう。法律事務所のサマーアソシエイト[訳注9]たちは、この若者の言葉遣いがなんか非常に望ましくないものであることに気づいてよくショックを受けています。もし子どものような話し方をしていれば、人はあなたのことを専門家として真剣に受け止めてはくれません。

　「えー」という思考中のノイズが人をイライラさせるもう1つの理由は、それらのノイズが聞き手の思考時間に割り込んで邪魔をするからです。ちょうど聴衆が、話されたことを考えるためにほんのわずかな時間を必要とするときに、思考中のノイズが、その瞬間を埋めてしまうのです。それは携帯電話の通話中の電波障害のようなものです。それは聞き手の認知プロセスを妨害します。「えー」も「あー」も、どちらもイライラさせるもので逆効果です。しかし、幸いなことに、それらは完全に治療可能なのです。

隙間を意識する

　ロンドンの地下鉄の乗客は、列車が駅に乗り入れるたびに、車内放送で次のようなアナウンスを聞くことになります。「隙間にお気をつけください。隙間にお気をつけください」。心地よい声で、プラットフォームと地下鉄の車両の間に隙間があることを乗客に気づかせてくれます。この「隙間にお気をつけください」というフレーズは、思考中のノイズを発する習慣を断ち切ろうとするときに、特に役立ちます。これをフレーズとフレーズの間に沈黙の隙間を挿入するためのリマインダーとして使うのです。そして、指示に従ってください。隙間に気をつけて、注目してください！　思考のノイズを挿入したい衝動にかられていませんか？　フレーズや文章の間の無言の隙間に耳を傾けましょう。それは長い思索ではなく、短い停止です。その短い瞬間、意識をその沈黙に向けてください。

　「『えー』と言わないように！」といった否定的な指示よりも、「隙間に気をつけて」といった肯定的な指示を脳に与えることができる方が、格段に習慣を断ち切りやすくなります。否定的な指示は、解決策にではなく、問題点に焦点

[訳注9]　法律事務所が夏季に行っているインターンシッププログラムの参加者。

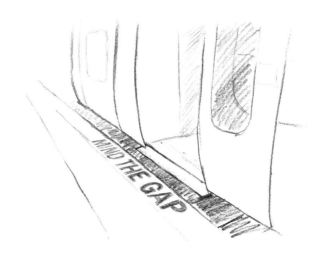

を当て続けるので、うまくいきません。何かをしないように自分に言い聞かせるのではなく、もっとよいことをするよう促しましょう。口癖を断ち切るためには、解決策に焦点を当て、隙間を気にしましょう。

　覚えておいてください。あなたが排除しようとしている思考中のノイズは、言おうとしていることについて考えるために、脳が一瞬の時間を必要としていることを、音として示しているにすぎません。あなたは、話す前に──１秒間──停止して考える必要があることを言語化しているのです。解決策は、脳が欲していること──つまり考えるための一瞬の時間──を与えることであって、必要な静寂を迷惑で無意味なノイズで埋めることではありません。第４章（練習方法）では、「えー」と言うことをやめる方法について詳しく説明しています。

◆ 強調と意味

　沈黙を多くとりながらフレーズで話すことにより、声の通りをよくし、はっきりと正確に話し、首尾一貫した考えを組み立て、思考中のノイズを取り除くことが可能になります。このような落ち着いたペースを用いることも、説得に欠かせない要素です。表現力のある力強いスピーチには通常よりも時間を要します。もし速く話しすぎれば、そのスピーチの意味を明らかにするキーワード

を強調するための時間がなくなります。時間をかけて、言葉の選択や表現を吟味しましょう。最も重要な単語を強調することで、説得力を最大限に高めることができます。

　スピーチを理解するためには、強調を理解することが欠かせません。英語では、正しい音節を強調することによって初めて、単語が理解できるようになります。もし癖の強いアクセントで、間違った音節を強調した英語を話せば、聞き手が理解することはより難しくなります。理解のしやすさは、1つの流れを辿ります。つまり、正しい音節を強調することで単語が明確になり、最も重要な意味を持つ単語を目立たせることで文章が理解しやすくなります。同様に、重要な1文を適切に強調することで、考えたことについての段落がまとまり、最も重要な点を強調することで、議論全体に説得力を持たせることができます。証人尋問では、鍵となる重要な質問に特別に注目させることで、一連の質問の筋道が明確になります。強調することで、語られた言葉に明確な意味と説得力が生まれます。

　商事紛争において、裁判官や陪審に次のような文章を話したと想像してみてください。「彼女は火曜日までに荷物が届くと約束していませんでした」。この文章の意味合いは、どの単語を強調するかによって、微妙でありながら重要な変化をするのです。傍点を付したキーワードを強調して、この文章を声に出して繰り返し読んでみてください。

　　彼女は火曜日までに荷物が届くと約束していませんでした。
　　（彼は約束したかもしれないが、彼女は約束しなかった）

　　彼女は火曜日までに荷物が届くと約束していませんでした。
　　（していないことが強調された絶対的な否定）

　　彼女は火曜日までに荷物が届くと約束していませんでした。
　　（この言葉を強調すれば曖昧な言葉でごまかしているようになる）

　　彼女は火曜日までに荷物が届くと約束していませんでした。
　　（請求書を約束したのかもしれないが、荷物は約束していない）

彼女は火曜日までに荷物が届くと約束していませんでした。
　（到着する可能性はあったが、配達が保証されていたわけではなかった）

　彼女は火曜日までに荷物が届くと約束していませんでした。
　（火曜日には出荷されるかもしれない。確かに。しかし到着するのではない）

　彼女は火曜日までに荷物が届くと約束していませんでした。
　（水曜日かもしれないが、火曜日ではない）

そして最後になりますが、1つの文章の中で複数の異なる単語を強調することもできます。

　彼女は 火曜日までに 荷物が届くとは約束していませんでした。

説得力のあるスピーチは、しばしばこのように聞こえるのです。

　リンカーンのゲティスバーグ演説からの有名な引用文にも、強調が意味に影響を与えることについてのさらに微妙な例を見つけることができます。

　人民の、人民による、人民のための政治……

この一節が話されるのを聞いたり、あるいは自分で話したりするとき、通常は、「の（of）」「による（by）」そして「のための（for）」の部分を強調して伝えられます。

　人民の、人民による、人民のための政治……

　強調部分を他の言葉に移動させると、意味はどうなるでしょうか？　映画監督のケン・バーンズは、ドキュメンタリー「The Civil War（南北戦争）」の中で、俳優サム・ウォーターストンによるゲティスバーグ演説の場面を演出したときに、まさにそれをやってのけました。バーンズは、適切な強調は前置詞ではなく、人民にあると考えています。

　人民の、人民による、人民のための政治……

このように強調の位置が変わると意味が変わってきます。「人民」という言葉の特徴的な繰り返しによって、文字の上だけでなく哲学的な意味でも、別の場所が強調されることになります。声に出して言って、感触をつかんでください。

　演技の技術は、意味を明確で豊かなものにするための強調の力に大きく依存します。脚本家は言葉を書き、役者は書かれているとおりにセリフを話します。しかし、どの言葉を強調するかは、役者が（演出家と一緒に）決めます。劇作家アーサー・ミラーは『Death of a Salesman（セールスマンの死）』の中で、セールスマンのウィリー・ローマンの妻リンダに、夫の絶望的な窮地について「注意が払われなければならない」と言わせています。劇作家はどの言葉を強調すべきかは示していません。つまり、それは役者が決めなければなりません。

　注意が払われなければならない

　注意が払われなければならない

　注意が払われなければならない

あるいは、もしかすると、その短い文章の中のすべての言葉に強調する価値があり、次のようになるかもしれません。

注意が……払われ……なければならない

　演技は芸術であり、科学ではないので、これらのいずれを選択することも可能です。役者は訓練された声を使って、このような選択を何千回となく行い、最終的にはその役の解釈へと集約していきます。

　弁護活動もまたある種の芸術です——自分の意図した意味を伝えるために、どの言葉を強調するかを決めなければいけません。しかし、演技と弁護活動の圧倒的な違いは、弁護活動では、役者のように記憶したものを暗唱するのではなく、その場で考えなければならないという点です。そこでは強調の仕方を即座に選択します。あなたも、会話の中では、何気なくいつもこのようなことをしているのです。あなたが口にしているほぼすべての文章には、本能的に強調している単語が少なくとも１つ、多くの場合は複数あります。自分自身の話や人の話に耳を傾けることを始めてみましょう。会話の中で、強調、ニュアンス、そして表現を聞いてください。

音量、音の高さ、持続時間

　音量、音の高さ、そして持続時間を変えることで、単語に強調を加えることができます。多くの場合、私たちは単により大きな声で言うことで、文中のキーワードを強調します。ゲティスバーグ演説のこのフレーズを、傍点を付した単語の部分で声をより大きくして言ってみましょう。

　　人民の、人民による、人民のための政治

では、前置詞を強調する伝統的な方法で、声に出して言ってみてください。

　　人民の、人民による、人民のための政治

声の大きさについてちょうど逆のことをしてみてください。他の単語と比べてより小さな声で（それでも熱意をもって）言うことによって、キーワードを強調してみてください。

　　人民の、人民による、人民のための政治

強調は音の高さでも実現できます。キーワードでより高い音程を用いながら、例文を繰り返してみましょう。これは、この有名な引用部分を口にするときに、通常耳にする方法です。今度はイントネーションを反転させて、キーワードの音程を低くしてみましょう。

　　　人民の、人民による、人民のための政治

傍点を付した単語を強調するために、最初は高い音程を使い、次に低い音程を使って、これらの言葉をさらに繰り返してください。

　　　人民の、人民による、人民のための政治

　自分の声が音程を微妙に変化させているのをうまく聞き取れない場合は、音声録音やビデオ録画を利用して自分の声を聞いてみましょう。

　持続時間の長さで強調を実現することもできます——キーワードの中の、アクセントになっている音節の母音を長くしましょう。書き言葉でも、この方法を真似していることがあります。これらの言葉が持つ異なる意味を考えてみましょう

繰り返される文字は、伸ばされた母音を表しています。会話の中でも、アクセントのある母音を少しだけ伸ばすことで単語を強調することがよくあります。マーティン・ルーサー・キング・ジュニアの公民権に関する有名なスピーチ「I Have a Dream（私には夢がある）」の録音を聴いてみてください。その中で、彼は頻繁に母音を伸ばして単語を強調しています。

　　　私には夢があります。いつの日かこの国が立ち上がって、「すべての人間は生まれながらに平等であるということが自明の理であると信じる」というその信条を真の意味で実現するという夢です。

この引用された文章を、声に出して、ゆっくりと落ち着いて言ってみましょう。傍点部分の単語の母音を伸ばす時間を確保し、フレーズで話してください。それから、もう一度、さらにゆっくりと、母音をもう少し伸ばして言ってみてください。話す「ペース」が、表現豊かに言葉で伝えるために必要な「時間」とどのように関係しているか、気づきましたか？

　同じように、ジョン・F・ケネディの就任演説のキーワードの母音を見てみましょう。

　　あなたの国があなたのために何をできるかを問わないでください。あなたがあなたの国のために何をできるかを問うてください。

この引用部分を、フレーズで話し、キーワード——特に、「あなた」——の母音を長くすることで強調しながら、声に出して言ってみてください。

　もちろん、この文章は、まったく異なる２つの方法で読むことができます。淡々と、人を鼓舞するような意味を汲み取らずに読むこともできます。そのような読み方では、すべての単語にほぼ同等の重みが与えられます。それとは異なり、キーワードを強調することで、その意味に焦点を当てることもできます。このような強調された表現豊かな伝達方法により、単に言葉そのものではなく、言葉の背後にある意味をも伝えることができるようになります。ただ文字を声に出すだけではいけません。その言葉に込められた意味を話さなければなりません。責任を持って、それを宣言してください。

　ここで引用した演説家たちと違って、あなたが事前にプレゼンテーションの内容を書き出してからそれを声に出して読むことはありません。その場で考えて、使用すべき言葉を選択し、どの言葉について特に強調したり、熱意を込めたりすべきかを決めることになるでしょう。音量、音の高さ、そして持続時間を変えて聞き手を説得しましょう。あなたはその瞬間に集中し、その場その場で、考え、話すことになるでしょう。

◆ ただ読むだけではなぜだめなのか？

　第２章で論じたように、役者やアナウンサーとは違って、表現力豊かに読み

上げる技術について訓練を受けている弁護士はほとんどいません。読み上げることについて経験を積んでいて、それを説得力のある形で行うための信頼できる技術を十分に発達させているのでない限り、それを巧みにやってのけることはできないでしょう。なぜ、自分が培ってこなかった専門的な技術に頼って、依頼者の主張を危険にさらすのでしょうか?

　それでも、法廷で読み上げたいという衝動は強く、時には経験豊富な弁護士が、ある特定の状況下で、読み上げることを検討することもあるでしょう。感情を揺さぶるようなトラック事故の事案を担当していたある熟練した訴訟弁護士は、事実があまりにも凄惨で、陪審員に対して読み上げなければ冒頭陳述を最後まで終えることができないかもしれないと心配していました。このように様々な意見があることを踏まえて、読み上げることの問題点をさらに掘り下げてみましょう。

　私たちは皆、絶えず読んでいます。実際、私たちは毎日何かを読むことに時間を費やしています。しかし、黙読は、説得力を持って音読することとはまったく異なる技術です。実際、黙読に費やしてきた時間が多いことは、音読しようとするときに直面する問題の大部分を占めています。黙読するときはどうしても速く読みがちで、そのために、おそらくは音読するときも速読してしまうでしょう。ほとんどの人がそうなのです。

　話すスピードが速ければ速いほど、言葉に詰まったり、表現力に乏しい読み方をしたりする可能性が高まります。キーワードに必要な強調がなされません。声の調べは、まるで話しているのではなく読んでいるかのように、堅苦しく平坦に聞こえます──実際、あなたは読んでいるのです！　もし音読が簡単なことなら、読み書きができる人は誰でも優れた俳優や演説家になれるでしょう。誰もが台本やスピーチを選んで、それを心を込めて流暢に声に出して読むことができるでしょう。しかし、読み書きの能力と流暢さは同じではありません。さらに言えば、たとえ音読することに長けていたとしても、説得力のある弁護活動をしようとする場合には、読み上げることは間違った手段になるでしょう。

　読み上げてしまうと、声の調べは読んでいることを表してしまいます。声域が狭くなり、それに伴い表現の幅が狭くなります。同じような読み上げ方の繰り返しに陥り、それによってすぐに退屈なものになってしまいます。

読み上げることを選択した弁護士にはもう1つ落とし穴があります。文章を書くときのスタイルと話すときのスタイルは違います。十分な時間をかけて、ゆっくりと丁寧に読む練習をしたとしても、このスタイルの違いのために、説得力を持たせることは難しくなるでしょう。あなたは、書かれた文章のように話すわけでもなければ、話すときのように文章を書くわけでもありません。そのため、たとえあなたに効果的に音読する能力があったとしても、あなたが書いた言葉は（特にロースクールで法律家らしく書くように訓練された後は）、声に出して話したときに、堅苦しく、過度に形式的なものに聞こえてしまいます。

　申立てや控訴審弁論を行う際には、裁判官からの質問によって話を遮られる可能性が高いので[訳注10]、読み上げない方がよいでしょう。台本を読むことと、質問に答えながらその場で考えることとを切り替えるのは難しい作業です。裁判官に読み聞かせるのではなく、裁判官に話しかけるようにしましょう。

　しかし、読み上げてはいけない最大の理由は、読み上げると話しているときよりも説得力がなくなることにあります。読み上げるとき、あなたは、演台の前に立って、メモを凝視し、時折ちらっと顔を上げて上を見るのではないでしょうか。しかし、そのような方法では、誰もそれがアイコンタクトだと受け取ることはありません。読み上げると、継続的なアイコンタクトを取ることができません。陪審裁判では、陪審員たちの目を見なければなりませんが、読み上げている場合には、それができません。あなたは、陪審員たちを見て、救急隊員が救助に来てくれるのを待ちながら父親が最後の息を引き取るのを見ているしかなかった幼稚園児の話をし、そして損害賠償を求める必要があるかもしれません。そのためには、読み上げるのではなく、話すテクニックが必要なのです。

読み上げなければならないとき

　読み上げることで説得力が増すことはほとんどありませんが、法廷では声に

[訳注10]　アメリカ合衆国では、申立てや控訴審弁論の際に、弁護士が意見を述べている途中で裁判官から質問を受けることがしばしば見受けられる。

出して読み上げなければならない場合があります。たとえば、証人の供述調書や、宣誓供述書、専門家の鑑定書、スクリーンに映し出された文章などです。声に出して読まなければならないときは、フレーズで——ゆっくりと——読むようにしましょう。速いスピードで黙読することに慣れている脳は、つい速く読みすぎてしまうことを意識してください。聞き手にその言葉の意味を十分しっかりと理解してもらいたければ、1フレーズずつ、落ち着いて読み上げることが大切です。明瞭に表現するために、ゆっくりとした落ち着いたペースで、キーワードの強調を慎重に行ってください。そのため、文章をどこでフレーズに分けたらよいのかを示すために文章の中にスラッシュマークを入れ、強調したいキーワードに下線を引きましょう。

　　　国が、あなたのために何をできるのか／を問うのではなく、／
　　　あなたが、／国のために何をできるのか／を問うてください。

　ここまでで、あなたは、呼吸の仕方、声の出し方、言葉の発し方などを理解しました。それに加え、フレーズで話し、フレーズや文章の隙間に注意を払い、音量、音の高さ、そして持続時間を用いてキーワードを強調することによって、脳と声とを連動させて、意味を明瞭にすることができるのです。

　さて、話はジェスチャーに戻ります！　説得力のあるスピーチをさらに目立たせるためには、手をどのようにすればよいでしょうか？

◆ジェスチャーと強調

　身体は、肺からの息で声に力を与えて押し出すだけでなく、ジェスチャーで声の表現力に演出を加えることもします。表現力豊かにジェスチャーしようとする本能は、文章や質問の中のキーワードを強調することと結びついています。ジャナ・アイバーソン博士のジェスチャー研究が明らかにしたように、「ジェスチャーをすることと話すこととは、私たちの脳の中で何らかのとても根源的な方法でしっかりと結びついているのです」。

　この結びつきをあなた自身のスタイルの中に探してみましょう。自分が行ったプレゼンテーションのビデオを見て、自分の声を聞きながら自分の手を見て

みましょう。自らをジェスチャーに集中させるため、テレビ画面に付箋を貼って、自分の顔が見えないようにしましょう。

　自分の手が、どの言葉を強調すべきかを本能的に知っていることを観察してください。ジェスチャーしようとする衝動が、指や手首からほんのわずかに見て取れるだけのときですら、その衝動はキーワードのときに起こっているのです。これらの傾向は、単なるでたらめな身体の動きではありません。あなたの手は何をすべきか知っているのです。自分の手を信じてください。

　ジェスチャーは、第1章で紹介したように、あなたを自然に見せ、感じさせるものです。しかし、もしかすると、ジェスチャーの本能を解放すべき最も重要な理由は、声を自然で表現豊かなものにするためかもしれません。ジェスチャーは、あなたの言葉や考えを明確にし、最終的にはそれらを説得力のあるものにします。手は、どの言葉が強調されるべきか、そのためにどの母音を伸ばすべきかを知っています。ジェスチャーをしないと、言葉の伝達に支障が生じ、聞き手も困ります。ジェスチャーは、弁護士としてどのように見え、感じられるかにも大いに関係しますが、それ以上に、どのように聞こえるかという点に関して大きな役割を担っています。聞き手は、ジェスチャーを聞いていると言

ジェスチャーの
強調が

言葉の強調に

つながります

っても過言ではありません——もちろん、ジェスチャー自体の動作の音を聞いているのではなく、それらのジェスチャーがあなたのスピーチのパターンに与える影響を聞いているのです。

単調

ジェスチャーが行われないということは、キーワードが強調されないということにつながります。キーワードが強調されていないと、すべての言葉の意味が不明瞭になってしまいます——そして、意味がはっきりしていなければ説得力を持つことはできません。キーワードが強調されていないスピーチは、聞き取りにくく、聞き手が意味を把握するために必要とする手がかりが取り除かれた言葉の連続になりがちです。単調で一本調子な話し方は文字どおり１つの調子、つまりすべて同一の音程となります。

単調　　　　　　　　　　　キーワードを強調

ジェスチャーをしながら単調な声で話す人は誰もいません——より正確に言えば、そのような「身体」はありません[訳注11]。そのような退屈な話し方は、常にジェスチャーを欠いています。次にあなたが退屈で単調な話し手に耐えなければならないとき、その苦しみを学びの経験に変えましょう。自分自身に次のように聞いてみてください。彼女または彼はジェスチャーをしているだろうか？　話す人の顔から目を離し、手に注目してみてください。平板な話し方は、ジェスチャーの欠如と関連していることがわかるでしょう。そして、単調な話し方を避けるには、ジェスチャーを使い、手を使って話すのがよい方法であることがわかるでしょう。

［訳注11］　原文では、nobody（誰もいない）と no body（そのような身体はない）とをかけている。

自分自身を指揮する

　ジェスチャーの速さは、スピーチのペースに直接影響します。手の動きが速いと、話すのも速くなります。手がゆっくりとスムーズに動けば、ペースもゆっくりとなります。オーケストラの指揮者がモーツァルトやストラヴィンスキーを形作るのと同じように、話すとき、言葉を形作るためにジェスチャーを使ってください。指揮者の腕の動きの速さが、演奏される音楽のテンポを決定します。ジェスチャーの速さと会話の速さとの間の関係は強力です。ゆっくり話しながら素早くジェスチャーすることは事実上不可能です。つまり、話すスピードを遅くしたいなら、ジェスチャーをもっとゆっくりと、なめらかに行いましょう。ペースをコントロールするために自分自身を指揮するのです。

なめらかに行う

　なめらかさは、自然で心地よい話し手のジェスチャーやペースを特徴づけるものです。そのような話し手の動きは、速くぎこちないものではありません。それはゆっくりとしたなめらかな動きで、その結果として、そのような話し手が話すペースもゆっくりとなめらかなものになっています。

　このジェスチャーの速さと話すペースとの間の関係は、プレゼンテーションの最初の部分では特に重要です。ゆっくりとして、なめらかで、広がりのある動きを用いて、すぐにジェスチャーを始めることが大切です。ジェスチャーをする衝動は最初は抑制されているため、そうしなければ、小さくて速くぎこちないミニジェスチャーをしてしまうことにつながり、そしてそれは早口につながってしまうのです。あなたの思考が脱線しやすくなり、第一印象も弱くなってしまいます。

　始めの部分からジェスチャーを始めれば、その自然な動きによって落ち着いて見え、あなた自身も落ち着くことができます。そして、規則正しい落ち着いたペースで話すことができます。より多くの時間ができ、あなたは言いたいことを慎重に言うことができるでしょう。このようにして、まさに最初の一言目から、より効果的に、見え、聞こえ、感じられ、考え、そして話すことができるようになるのです。このように作り出される肯定的な第一印象は、聞き手の

心をつかみます。

　ジェスチャーと言葉を適切なペースで連動させる秘訣は、この複雑なマルチタスクを、1人で、声に出して、立ち上がって練習することです。始めの部分を偶然に任せてはいけません。

始まりをジェスチャーしながら練習する

　プレゼンテーションの最初に何を言うか、あらかじめ、明確に決めておきましょう。これは、言いたいことを言葉どおりに——最初のいくつかの文章の中の一字一句を——話す練習をすべき数少ない場面の1つです。その場で、言うべきことを正確に即興で話すことができるなどと思わないでください。そのようなことは起こりません。

　最初の1文の的確な表現を見つけることができたら、次に、その言葉や考えにどのようにジェスチャーを合わせるかを考えます。この調整は、第1章の自分自身のジェスチャーを一気に活性化させることの箇所で説明したように、どの言葉や考えを棚に置くかを決めることを含みます。この目に見えない想像上の棚は、話す前に両手を置く場所、レディポジションだということを覚えておいてください。最初に論理的なジェスチャーを計画しましょう。

　定型的な言い回しでも自然にジェスチャーすることは可能ではありますが、導入の決まり文句（「では述べさせていただきます。裁判官、代理人、陪審員の皆様、……」）でジェスチャーをするのは、あまりしっくりこないかもしれません。しかし、その直後に言う最初の実質的な文章は何でしょうか？　冒頭陳述であれば、次のようになるかもしれません。

　　これはある破られた約束についてのケースです。それは書かれた契約書による約束でした。

論理的に考えると、「破られた約束」と「書かれた契約書」という2つの主題があります。この文章を言うときに、一方の手に「破られた約束」を、もう一方の手に「書かれた契約書」を置いてください。試しに、この2つの概念を棚に置いてみて、どのように感じるかを確認してみてください。陪審員のためのヴィジュアルエイドになるように、話している内容にジェスチャーを論理的に

結びつけてください。キーワードを強調することで、陪審員はあなたが何について話しているのか理解することができます。すなわち、一方は破られた約束で、もう一方は書かれた契約書だということです。

　これはある破られた約束についてのケースです。それは書かれた契約書による約束でした。

これは
破られた約束
についての
ケースです。

それは
書かれた契約書
による約束でした。

　最初の実質的な文章を、このように身体を開いた緩やかな体勢で終えると、第一印象がよくなります。身体を開いた体勢は、「信じてください、私はあなたに対しオープンにしています。私は何も隠していません。私は不安でもよそよそしくもなく、緩やかで自然体です」と言っているようなものです。さらに、このようにすることにより、身体がジェスチャーをしようとする本能を刺激して一気に活性化させ、脳を手の動きを気にしなければならない状態から解放します。最初のジェスチャーを計画し、練習して、ジェスチャーについて考えずに済むようにしましょう。直ちにジェスチャーをすれば、その後は本能が取って代わるのです。

　別の例を挙げてみましょう。主尋問は、証人に次のような指示を与えることから始まるかもしれません。

　陪審員の皆さんにあなた自身について紹介してください。

「陪審員」と言う際に片方の手で陪審に向かってジェスチャーし、「あなた自身」という際にもう片方の手で証人に向かってジェスチャーします。

　反対尋問は、放火の専門家に対する次のような質問から始まるかもしれません。

　トムキンス先生、あなたは火事の現場に一度も行っていませんよね？

「現場」と「一度も」という言葉でジェスチャーしてください。

火事の**現場**に……

一度も
行っていない

　最後に、最終弁論では、しばしば、説得力のあるテーマを再度強く主張することから始めます。発明者とその発明に関する権利を持つ企業との間の紛争において、発明者の代理人は、最終弁論を次のように始めるかもしれません。

　彼らは、彼の発明に関する権利を取得し、何百万ドルも稼ぎ、そして今、彼にふさわしい使用料を支払うことを拒絶しています。

この３つに分かれるテーマでは、「権利」、「何百万」、「拒絶」という言葉を強調しながら、３つの異なる場所で３回ジェスチャーを使って、ジェスチャーの棚に置くことができます。

権利   何百万   拒絶

　最初に何を言うか、その言葉にどのようなジェスチャーが論理的に整合するのかを決めたら、言葉とジェスチャーとを連動させる感覚をつかむために練習をします。どのような選択をするかを考えるだけでは不十分です。筋肉でその動作を感じる必要があります。部屋で1人で立ち上がって、声に出して、ジェスチャーと声が筋肉に記憶されるように練習します（筋肉記憶については第4章で詳しく説明しています）。

　弁護士席に座っている間に、筋肉が直ちにかつ自然に、ジェスチャーができるようにするための準備として、できることがもう1つあります。肉体的な活動のためのこの精神的な準備、「視覚化」は、プロスポーツから取り入れられたものです。

することを視覚化する

　スポーツ心理学者は、アスリートたちに対し、競技の前に自分の動作を視覚的にイメージすることを勧めています。アスリートたちは「メンタルリハーサル」と呼ばれる練習をしています。オリンピックのスキー選手は、大回転競技で、ブザーが鳴って山を切り裂くように滑り下りるために発進する瞬間を想像します。スプリンターは、スタートの号砲が鳴って、スターティングブロックから爆発するような勢いで飛び出す瞬間を視覚的に想像しています。弁護士としては、弁護士席に座り、練習した最初のジェスチャーを視覚化することができます。練習を通じて身につけた動作を視覚化することで、より高い技術と自信を持ってジェスチャーをすることができます。

　アスリートたちは、競技のまさに直前までウォームアップをして身体の力を抜いています。話す準備をするとき、そのような余裕はありません。話を始め

る前に、長い時間、弁護士席に座っていなければならないかもしれません。早い時間にウォームアップしていても、長時間座っているとまた冷えてしまいます。

イメージを視覚化することによって、裁判官がようやく「弁護人、どうぞ」と言ったときに、準備ができた状態になりやすくなります。そこに座っているときに、最初に言うべき言葉のことを考えてください。それらの言葉に合わせて使う予定のジェスチャーを心の目で見てください。フレーズごとに話すときのペースを心の耳で聞いてください。アスリートたちはメダルを勝ち取るためにこの視覚化のテクニックを使います。あなたは依頼者のための評決を勝ち取るために同じテクニックを使うことができるのです。

◆韻律：自然な会話における音楽的要素

韻律とは、日常的に話しているときの音楽的要素の総称です。それは、テンポ、リズム、声の大きさ、沈黙、そしてイントネーションを含みます。これらの音楽的要素は、話すときの構文や意味と相互作用します。これまでに、すで

にいくつかの音楽的特徴について詳しく見てきました。たとえば、自然でリズミカルな抑揚を生み出すキーワードの強調、声の大きさ、沈黙などです。説得力のあるスピーチに必要な韻律に関して、残された最後の要素はイントネーションです。

「イントネーション」とは、声の音程が上下に動くことです。この動きが、自然な会話にわずかなメロディを生み出します。以前、メロディや動きがまったくない、恐ろしい単調さについて触れました。ここでは、より望ましい、説得力のある別の方法を探ってみましょう。本来の声が高い場合（ソプラノ、テナー）であれ、低い場合（アルト、バス）であれ、話す際には、本能的に、低音域、中音域、高音域を含んだ、幅のある音程を用いています。説得力のある話し方をするためには、声のイントネーションや高さを定期的に選択するテクニックを身につけることが必要です。

幸いなことに、必要とされるイントネーションや高さの変化の多くは、フレーズや文章の中のキーワードを強調することで得られます。強調することにより、適切に音程を変化させることにつながるのです。そこで、文章や質問の最後の部分での声のイントネーションや音程の方向に注目してみましょう。声が低い音程に下がったり、高い音程に上がったりすることで、「聞こえる句読点」——つまり、句点や疑問符、感嘆符などの「音」——が作られます。

聞こえる句読点

文末の声の高さの動きを、階段の上り下りに例えてみましょう。声の高さが低くなっていくときには、階段を下りるような感じになります。これが聞こえる句点です。声の高さが高くなっていくときは、階段を上るようになり、感嘆符の音になります。質問をするときは、音程が上にスライドし、疑問符になります。

句点　　　　　　　　　感嘆符　　　　　　　疑問符

これらの3つの異なるパターンを使って、次の3つの言い回しを声に出して言ってみましょう。

　文章を書くときに句点を最も多用するのと同じように、聴覚的句点を最も頻繁に使ってください。低い音程に下がっていくときには、話しにくいあるいは不自然な音域にまで無理に声を下げないようにしましょう。文章の最後に向けて音程の階段を下りていくことは、わずかにではありますがはっきりと、信頼と、文末に向かっていることを伝えます。自分が話していることをあなたがよく知っていると聞き手に納得させたいのであれば、自分の言っていることをあなたが信じているように聞こえなければなりません——そして、自信を持って言わなければなりません。この下向きのパターンは、その目的を達成するために役に立つのです。
　音程の階段を下りることのもう1つの利点は、音程が下がることによって文末に向かっていることが示唆され、それによって、次に言うべき言葉を考える

ための時間的余裕が与えられることです。聞き手にとっても、あなた自身にとっても、この下がっていくパターンは終わりを示します。文章の終わりです。聴覚的句点の後の沈黙は、英文においてピリオドの後に挿入されるスペースのようなものです。聞き手は、今あなたが言ったことについて考えるための時間的余裕を少し得ることができます。終わりを示す音は、文章と文章の間の隙間を意識するのに役立ちます。なぜなら、このイントネーションのパターンは、脳が思考中のノイズでその隙間を埋めようとする傾向を弱めるからです。

　聴覚的感嘆符、あるいは音程の階段を上ることは、伝達にエネルギーを加える必要があるときに有効です。プレゼンテーションの中間部分で、聞き手の注意力が弱まっていると感じたときにも便利です。次の話題を紹介し、その際に音程の階段を上っていきましょう！

　質問するときには、聴覚的疑問符を使いましょう。しかし、陳述をするときには注意が必要です。フレーズや平叙文[訳注12]の終わりで、上方にスライドする質問の抑揚を繰り返し使うと、不確実さや自信のなさ、未熟さを伝えてしまいます。聞き手は、この上向きの抑揚を、「アップトーク[訳注13]」として聞きます。もし真剣に受け止められたいのであれば、プレゼンテーションはもちろん、専門的会話の際のスタイルからも、この声の癖を消し去りましょう。自問自答のようになることを避けるために、音程の階段を下りましょう。

自信を持って終わる

　初頭効果と新近効果の法則によれば、聞き手は始まりと終わりにより注意を払います。終わりが始まりと同じくらい重要であるならば、終わったことを確実に知らせるテクニックが必要です。スピーチの最後の1文を言うときであれ、尋問の最後の質問をするときであれ、終わりにきたことを示すために音程の階段を下りていきましょう。最後であることをより強く感じさせるために、音程の階段を下りるとともに、スピードを遅くしていってください。より低くなるにつれてスピードをより遅くしていきましょう。このようにすることで、終わ

［訳注12］　事実や情報を伝達する、疑問文・感動文・命令文ではない普通の文。
［訳注13］　フレーズや文章の終わりの抑揚を上げる話し方。

ったというメッセージを強力に伝えることができます。

　あなたは、冒頭陳述をこのように締めくくるかもしれません。

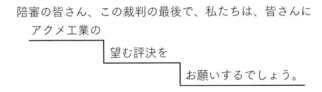

陪審の皆さん、この裁判の最後で、私たちは、皆さんに
　アクメ工業の
　　　　望む評決を
　　　　　　　　お願いするでしょう。

　次のように言って裁判官に対する申立てを結論づけましょう。

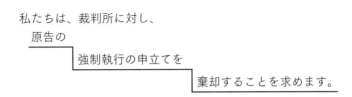

私たちは、裁判所に対し、
　原告の
　　　強制執行の申立てを
　　　　　　　　棄却することを求めます。

それを声に出して言ってみましょう。低くなるにつれてスピードを遅くしていき、文章を終えてください。最後の言葉まで声の大きさを維持してください。音の高さを下げることと音量を下げることとを混同してはいけません。また、音程の階段を下りることは、反対尋問のときに最も頻繁に使われる、誘導尋問におけるイントネーションのパターンでもあります。

あなたは、彼の
　サインを
　　　　偽造したんですよね？

◆口調と態度

　第2章では、態度を選択することの必要性について述べました。態度を選ばないと、「真面目」という一般的な態度をとることになってしまいます——そ

して、真面目という態度は、弁護活動に適しているとはいえ、すぐに退屈で味気ないものになってしまいます。

　態度が決まれば、それに合わせて口調も変わります。態度と口調とが合わさって、声による伝達の基礎となり原動力となるエネルギーが生まれます。両者は密接に関係しており、意識して用いる必要があります。たとえば、同情を引くような年配の証人に「柔らかな反対尋問」を行うことを選択した場合、態度としては「年配者への敬意」を選択するかもしれません。口調は、うやうやしく、慎重で、声は大きすぎず、決して短気にならないようにします。しかしながら、もし証人が扱いにくくなってくれば、口調を変化させ、より断固としたものにしたり、敬意を持ちつつも対立したり、いくらか大きな声で話したりするかもしれません。「お言葉なのですが、証人……」のような表現を使うことによって、態度は変えないこともできます。

◆口頭表現の技術の練習

　幸いなことに、人は生活の中で毎日話しています。そして、これは、弁護活動と違ってプレッシャーのかからない環境で練習する機会が頻繁にあるということです。たとえば、友人との何気ない会話の中でも、思考中のノイズをなくす練習をすることができます。そのような時間は、隙間を意識し、「えー」や「あのー」をなくすことに意識を集中させるのに最適です。交通渋滞に巻き込まれることがしばしばありませんか？　スタイルを構成する要素を何か（ジェスチャーを除いて！）練習する絶好の機会です。高速道路で動けなくなったら、ダッシュボードの時計を見て、10分間、思考中のノイズなしに話す練習をするように自分に言い聞かせ、それを実行してください。10分間ずっと、声を出して話をし、思考中のノイズをなくすことに集中してください。自分が「えー」とか「あのー」とかを口にしているのを聞いたら、そのことを記録してください。しかし、立ち止まって自分を責めてはいけません。訂正して、続けましょう。

　定期的な短時間の練習は、回数の少ない長時間の練習よりも価値があります。効果的な話し方をするための難所の多くは最初の部分にあるので、頻繁に練習

すればするほど、難しい部分、つまり最初の部分がうまくできるようになります。

　これらの話す技術は、電話でも練習することができます。思考中のノイズを取り除く手助けとなるような付箋を電話に貼りましょう。

◆ まとめ

　弁護士としての声を説得的に使うには、自分の声を客観的に聞く方法を学ぶ必要があります。自分の声がおかしく聞こえると思う気持ちを乗り越えてください。そのようなことはありません。

　声の力は、横隔膜や肋間筋などの呼吸筋が腹筋と協働することによって生み出されます。また、明瞭な発声は、唇、顎、舌という調音器官を精力的かつ正確に動かすことで得られます。呼吸と調音に関わる筋肉をより懸命に働かせれば、聞き手の仕事はより楽になります。

　文章や質問の中のキーワードを強調することで、意図する意味を明らかにすることができます。強調は、音量、声の高さ、持続時間の働きによります。

　スピーチの調べは、言葉の意味と相互に作用します。音程の階段を下りることで、この相互作用を利用することができ、自信に満ちているように聞こえる

とともに、文章が終わるように聞こえます。聞こえる句点を利用することによって、自信なさげに聞こえる上向きの語尾をなくしてください。

　この章で紹介した技術を真面目に練習し、弁護活動という技術に内在する力と喜びを味わってください。

自分自身に言い聞かせましょう

文章全体ではなく、フレーズで話そう。塊に分けて話そう。

フレーズとフレーズの間、沈黙して考えよう。それは思ったほど長くない。

最初のフレーズの後に一旦停止して、うまくいくリズムを作ろう。

思考中のノイズが出ないようにフレーズの間の隙間に気をつけよう。

それぞれのフレーズの中で単語を少なくとも１つ強調しよう。

すぐにジェスチャーをして、キーワードを手で強調しよう。

自信なさげに聞こえる上向きの語尾を避けよう。

文章を断定的に終えるために音程の階段を下りていこう。

第4章

練習方法
How to Practice

練習こそが専門性を身につける道です。どのような訓練法によっても、技術を向上させる唯一の方法は練習です。その技術が複雑であればあるほど、より多く練習することが必要となります。あなたがなろうとしているのがゴルファーであっても、ピアニストであっても、弁護士であっても、うまくなるためには1人で黙々と練習することが絶対に不可欠です。

　どのような技術であっても、その技術について考えたり、本を読んだり、書いたりするだけでは、それを習得し、上達することはできません。にもかかわらず、驚くほど多くの弁護士たちは、弁護技術を——1人で声に出して——練習していないのです。忙しい弁護士の生活に練習を組み込むのは、驚くほど大変で、難しいことですが、練習もまた創造的な行為なのです。一度、効率的かつ効果的に練習する方法を知れば、あなたは練習を楽しむようになるでしょう。ある人にとって、練習は、それほど恐れるものではなく、むしろ馬鹿馬鹿しいことのように感じられるでしょう。別の人は、練習をとにかく恥ずかしいことだと感じるでしょう。いずれにせよ、もっとよい弁護士になりたいのであれば、あなたは自分が感じるどのような抵抗感をも克服し、どのように練習するか学ばなければなりません。

　練習することは、それ自体が技術——おそらくは究極の技術——です。もしどのように練習すべきかを知っていれば、どのような技術についても、自分の頭——と身体——を学習用にセットして上達することができます。この章では、要求される技術について1つずつガイドしていき、より賢く練習し、より少ない時間でよりよい結果を得ることを学びます。

　練習は到達点に達するための最後の階段なのに、弁護士の中には、どういうわけか練習なしで適切な準備ができると信じたがる人がいます。弁護士に対し、仲裁、裁判、あるいは弁護技術トレーニングでの実演に際し、どのように準備したのか聞くと、(1)資料を（声を出さずに）注意深く読み、(2)それについて考え、(3)リーガルパッドにおびただしいメモを書き、そして(4)彼らが読んで、考え、書いたものが、1回目の試みで、しかもプレッシャーのかかる状況であるにもかかわらず、何らかの理由により明快で説得的なスピーチになっていくことを祈っていたのだと打ち明ける弁護士は驚くほど多いのです。このような自己欺瞞を信じてはいけません。

少なくとも最初は、1人で練習しましょう。仲間や同僚、あるいは配偶者の批判的な目や耳から離れて1人で練習することは、こっそりと間違う機会を確保します。最初の試みで何かをうまく言うことはまず不可能です。考えていることをうまく表現するためには、誰もが複数回の挑戦を必要とします。1人で練習することによって、草稿を声に出して作り上げることができるようになり、アイデアが湧き上がりやすくなり、あえてリスクをとって、誰も見ていないところで間違いを犯すチャンスが得られます。

　練習は声に出してしなければなりません。呼吸や発声に関わる筋肉にウォームアップと血液の流入、そして繰り返しによる調整が必要です。それと同様に、話すという運動技能に関わる筋肉にも実際に身体を動かす練習が必要です。法的手続の際の話し方をシミュレートするような練習を目指すべきです。法廷で話し、ジェスチャーをする間、自分が身体全体を動かさずに立っていられるように練習しなければいけません。仲裁のためには、座った状態でエネルギーを高い状態に保って弁護活動を行う練習をしましょう。

　そして、たくさん練習すべきです——できるだけ多く。忙しいロースクール生も、もっと忙しい実務に携わっている弁護士も、リハーサルをするための10分や20分のまとまった時間を見つけることはできます。そのような個々人の練習に加え、同僚たちと模擬裁判を行いましょう。すべての練習はでき映えの向上に役立ちます。

　読んで、検討して、書いたアイデアを頭の中（大脳新皮質）から舌の先（調音器官）まで動かしていくためには、1人で、声を出して、そして——理想的には——たくさん練習しなければいけません。説得的な弁護活動は運動技能なのです。

◆知ること vs 方法を知ること

　何かを「知る（know）」ための脳の能力とそれを実際に自分の身体で行う「方法を知る（know how）」ための身体の能力との間には決定的な溝があります。練習はその溝を埋めてくれます。脳が知って理解していることをうまく実行するために、身体は練習をしなければいけません。仮に、あなたが熟練した滑降

スキーの選手になりたいと願っているとしましょう。あなたは、要求されるテクニックについて入手できる中で一番よい書籍を読むものとします。さらに、あなたには写真で撮ったかのように鮮明に記憶する才能があり、この本で説明されているすべてのテクニックを記憶できると仮定しましょう。この本を読み終えるころには、あなたの脳はスキーについて相当のことを「知る」ことになります。しかし、そのように頭で「知っている」状態であることは、あなたの身体が上級者コースを切り裂くように滑降する「方法を知っている」状態であることを意味するわけではありません。あなたは読んで学んだことを練習して、テルライド[訳注1]のスキーパトロールのように山をなめらかに下るために必要な身体的なノウハウを身につける必要があります。運動皮質によって制御される身体の筋肉は、要求される動作をする「感覚をつかむ」必要があるのです。

　この章では、弁護活動のノウハウを身につける練習をすることを手助けします。練習はあなたが感覚をつかみやすくします。期待する結果を得るためには、練習しなければなりません・・・・・・・・・・・・・・・・・・なぜならこの本を読んでいるのはあなたの脳であり、身体ではないからです。身体は、この文章の中で書かれている言葉やアイデアの意味することについての手がかりを何も持っていません。その感覚をつかむための唯一の答えは、練習なのです。

　かつては、法律家が法廷弁護のノウハウを身につける機会が今よりもたくさんありました。過去には、小さい事件が今よりも頻繁に公判[訳注2]にまで至っていて、弁護士たちは弁護技術を法廷での経験を通じて学ぶことができました。しかし、21世紀の多くの弁護士たちには、オンザジョブトレーニングの機会はもはや存在しません。検察官かパブリックディフェンダー（公選弁護人）[訳注3]でない限り、現実の法廷での実際の活動を通じて法廷弁護の基本的な技術を身につけることは困難です。今日では、事件を公判まで持ち込んで敗訴した場合のリスクがあまりにも重大すぎるため、事件を新人に任せられなく

[訳注1]　アメリカ合衆国コロラド州にあるスキーリゾート。
[訳注2]　便宜上、刑事手続の用語である「公判」を使用したが、原文は「trial」であり、民事・刑事を問わず、公開の法廷で行われる事実審の裁判手続全般を指している。
[訳注3]　私選弁護人を選任することができない被疑者・被告人を弁護するために政府に雇用される弁護士。

なってしまっていることも珍しくありません。法廷で用いる技術を公判で鍛え上げ、磨き上げる機会があまりないということは、事件を公判まで持ち込む機会が出てきたときにはすでに準備ができているように、あらかじめそれらの技術を練習しておかなければならないということです。あなたには練習しなければならない理由が十分にあります。

　公判の機会がなくなったことは、法律を学ぶ学生たちだけでなく実務に携わっている弁護士をも対象とする法廷弁護技術のトレーニングプログラムの増加につながりました。そのようなプログラムの参加者、特に忙しい実務家は、題材の事件記録の事実を完全に消化して吸収する十分な時間を取れなかったと不満を述べます。彼らは正しいのです。そして、練習――１人で、声を出して行う練習――はこの問題を克服する唯一の方法なのです。時を経て実際の事件を担当するとき、あなたはその事件について、依頼者、証人、同僚、相手方代理人、裁判官に対し、宣誓供述録取を始めとした様々な場面で話をするでしょう。あなたには、陪審員に事件を説明するまでに、事実を声に出して話す現実の機会がたくさんあります。トレーニングの環境では、その声に出す経験が欠けています。事件記録を静かに検討したとしても、検討したそれらの事実のいずれについても声に出して話したことがないことの方が多いでしょう。一度、１人で、声を出して、たくさん練習することに対する抵抗を何か１つでも克服すれば、たとえ準備する時間があまりなかったとしても、あなたは、自分の担当事件に関する事実関係を記憶し、そのことについて自信を持って話す能力を一気に活性化させることができるでしょう。

◆練習：耐えるべきことおよび避けるべきこと

　残念ながら、「練習は完璧への道である」という格言は不可能な期待を約束するものです。完璧さは忘れてください。練習の目標は、完璧になることではなく、よりよくなることです。完璧さには手が届かないというだけではなく、それは弁護士として望ましいことでもありません。陪審員はあなたに完璧であってほしいとは思っていません。彼らは、あなたが人間的であってほしいと思っていて、それは許容できる些細な欠点や不完全さをも含むものです。あなた

の人間性があなたを信用できるようにするのです。

鏡を用いた練習

鏡の前で練習することで自分で改善を図りやすくなると信じられています。しかし、私たちは、そのような練習は、細かい態度や顔の表情について取り組んでいるのでない限りは、通常は逆効果であるという結論に至っています。

練習をする最も重要な理由は、自分の自意識を振るい落とすためです。しかしながら、鏡は、それを見る者をまさに自意識過剰にするために存在しています。あなたは、自分の髪や服装や化粧について「自分自身」で意識するために鏡をのぞき込むのです。

弁護活動における目標が聴衆に完全に意識を向けることができるようになること——つまり、自意識過剰にならずに話すことができるようになること——である以上、自分を意識したふるまいを強化するためにデザインされたツールやテクニックを用いて練習することはできるだけ避けるべきです。鏡の中の自分自身に話しかけるのではなく、他の人に話しかけるように声を出して練習しましょう。

もっとも、鏡を使うことが助けになることも時折あるので、私たちは次のように提案します。自分の顔が隠れ、身体の残りの部分は見えるように1枚の紙を鏡にテープで貼ってください。このような痛くない方法で頭を切り離すことによって、自分の身体——特にジェスチャー——に焦点を当てることができるようになります。声を出して練習するときに、自分のジェスチャーが小さすぎたり、速すぎたり、ぎくしゃくしすぎたりしていないか注意してください。これで鏡はあなたを過度に自意識過剰にすることなく即時にフィードバックをしてくれます。

練習を妨げる正当化

「私は役者じゃない！」

遠慮がちな人たちの中には、声を出して練習することは、小細工、やっているふり、あるいはごまかしと同じことだと感じる人がいます。彼らは、練習に要求される自分自身についての認識に抵抗を感じ、どういうわけか自分たちの

個人的な誠実さや信頼性が害されるかもしれないと心配します。彼らはしばしばこのように宣言します。「私は役者じゃない！　自分を装うことができないだけなんだ」。

　もしあなたも同じように考えているのならば、思い切って私たちを信じてください。練習はあなたをインチキで不誠実にするわけではありません。練習は、プレッシャーのかかっているときに、あなたが確かで自然な自分自身を見つけることを手助けするのです。技術を練習すれば、それは生まれつきの能力であったかのようになります。そして、十分な練習によって、それは自然に感じられ、自然に見え、そして自然になるでしょう。

「本物の事件なら……」

　トレーニングプログラムの中で、自分たちは単純に「現実を知りすぎている」と宣言して練習しない弁護士が一定割合います。この正当化はしばしば「もしこれが本当の事件なら……」というフレーズで始まります。そうだとすると、事案と裁判が現実のものであれば、これらの人々はやる気になってうまくやることになるはずです。しかし、このような結果は理論上のものであって、彼らは、その証拠を求められたときに、自分たち自身が予測したようにはすることができません。そのような人たちは、「自分は現実を知りすぎている」と言って練習もせず、本番の試合でその実力が証明されるのを待っているだけの選手に自分のお金を賭けるのだろうかと思います。

「準備しすぎたくない」

　これは練習を避けるためによく耳にするもう1つの言い訳です。これが通常意味するのは、その弁護士は短い時間で練習しようとして、うまくいかずに、やめた——そして、準備しすぎるおそれがあるとしてやめることを正当化した——ということです。訴訟のような複雑な技術に関して準備しすぎてしまう確率は、準備不足の冒頭陳述の最中に雷に打たれる確率よりも低いのです。そのような冒頭陳述の最中には、あなたは——自分の受難を終わらせるために——実際に雷に打たれることを願うかもしれませんが。

「おかしなことをしているように感じる」

　練習することに関して、とても現実的な感情面の課題が1つあります。部屋の中で1人で声を出して話していることは、一般的には頭がおかしくなったきざしととられてしまうことです！　そのような行動をしていると、最初は、どんな人でもちょっとおかしなことをしていると感じ、ときにその感情は誰かが扉のすぐ外で聞いているのではないかという根拠のない恐怖と混ざり合います。率直に言って、この問題の唯一の解決法は、それを乗り越えることしかありません。あなたは、私的な場と公的な場のどちらでおかしくなることを選びますか？　あなたは、部屋の中で1人で声を出して話して——一時的に——ちょっとおかしなことをしているように感じることと、現実の生活における依頼者や同僚の前でうまくいかずに苦しみ、自分が限りなく愚かだと感じることのどちらがよいですか？

　あなたが担当している事件は究極的にはあなたの依頼者の事件であってあなた自身の事件ではありません。とすると、あなたの依頼者は、「練習すべきかどうか？」とあなたが尋ねた場合にどう答えると思いますか？　もしあなた自身が訴訟の当事者だとすれば、おかしなことをしていると感じるので練習ができないあるいはそれをしたがらない法律家と、あなたの訴訟のために闘う準備を十分にして法廷に入ってくる法律家、どちらの法律家を選びますか？

辛抱強く続ける

　これらの技術がどれだけ複雑であるかを考えれば、練習する際には、自分自身に対して優しく寛容でいてください。辛抱強くいましょう。あなたは徐々に進歩します。技術を習得していく段階は、未経験者から初心者、そして一人前に、それから熟練者へ、そして、最終的に、名手と呼ばれるまでに至ります。あなたが未経験者ならば、技術を上達させて、初心者に、それから一人前に、そして、最終的に熟練者になっていくには、時間、経験、そして勤勉に練習することが必要です。名手と言われるまでになることは辛く困難な道のりですが、それを追求する価値はあります。

初心者 → 一人前 → 熟練者 → 名手

あなたの弁護技術は技術習得の段階の
どのあたり？

◆ それぞれの練習方法

声に出して話す練習をするとき、あなたの目標は、構造化された即興という認知技術を使い、その技術を発達させ、磨き上げることにあります。覚えておいてください。自分が以前書いた文章を音読する技術を練習するのではありません。自分が記憶した言葉を思い出す練習をするのでもありません。最終的にプレゼンテーションを一言一句記憶から呼び起こせるようになるまで覚え込む練習をするのでもありません。あなたは、その場でスピーチすることを練習するのです。この練習は、考えを言葉に変換する機会を脳に与えて行います。これは、あなたが毎日の会話の中で行っているのとほぼ同じ方法です。ただし、この練習と日常の会話とでは1つ極めて大きな違いがあります。何をどのように言うことができるかについて定めている多くの手続上のルールに従いながら、戦略的に自分のアイデアを構築し、普段よりもずっと長い時間、考え、話すことができなければならないのです。

毎回同じ言葉を繰り返すために練習するのではなく、同じ構造に沿って繰り返すために練習しましょう。与えられた構造の中で、その場で言葉を発し、少し変化させましょう。脳はこのことをすらすらと行うことができます。もっと長い時間であってもそうすることができると自分を信じてください。

話す前に、自分のプレゼンテーションの構造の詳細を記した水平的なメモまたは箇条書のメモを作成しましょう（最も効果的なメモの作り方についての提案に関しては第2章を参照してください）。そして、それらのメモを使う練習をしましょう。

もし可能であれば、実際の法廷または会議室で練習しましょう。もしそれができない場合には、その実際の場所をシミュレートするために練習用の部屋を

準備しましょう。もし冒頭陳述や最終弁論を練習するのであれば、想像上の聞き手が座っている場所を部屋の中で特定しましょう。陪審裁判のための練習では、陪審席の右端と左端を示すために2つの椅子を離して設置しましょう。想像上の陪審員に話しかける練習をしましょう。尋問を練習するときは、証人の位置を示すために部屋の中に誰も座っていない椅子を設置しましょう。目は焦点を当てる対象を必要とするので、証人がそこに座っているかのようにその椅子を扱いましょう。目の焦点を合わせることは、脳の焦点を合わせることを手助けします。

身体のチェックリストを実行する

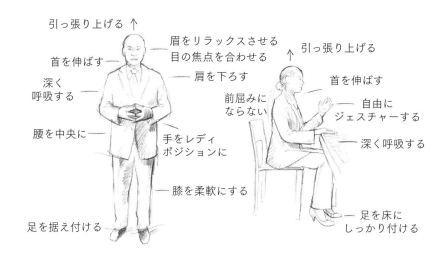

練習を始める前に、練習部屋の扉を閉め、自分の身体を意識的にコントロールできる状態にしましょう。基礎となる足から始まって身体を上がっていくように、身体的なチェックリストをチェックしていきましょう。もし仲裁のために練習しているのであれば、座った状態で同じようなチェックリストを実行しましょう。チェックリストを練習すればするほど、それはより自然にできるようになっていきます。やがて、あなたの身体は話す前に自然に位置を整えるようになります。

声のウォームアップをする

顔をしっかりとストレッチして思いきり広く伸ばし、舌を突き出しましょう。それから舌を戻して顔の筋肉をすべて押し縮めましょう。増加した血液の流れが顔面の筋肉を温めるのを感じることができるまで、何度かこれらの筋肉を伸ばしたり縮めたりしましょう。

英語であれば次のような発声練習や早口言葉を繰り返し、徐々によりはっきりとそして速度をより速くしていきましょう。

niminy piminy, niminy piminy, niminy piminy, niminy piminy（etc.）

butta gutta, butta gutta, butta gutta, butta gutta, butta gutta, butta gutta, butta gutta（etc.）

She sells seashells by the seashore.

Three free thugs set three thugs free.

Who What When Where Why Which How

フレーズで話す

フレーズで話すときの落ち着いたリズムを直ちにつかむことができるペースで話し始めましょう。アメリカ人であれば、忠誠の誓い[訳注4]のときのリズムを手本にしたらよいかもしれません。脳が話す際の声と協働することができるように、一度に1フレーズずつ、慎重に文章や質問を構築しましょう。

もし儀式的な導入──「裁判官、代理人、陪審員の皆様、私の名前は……」──で始めなければならないときは、ちょうどミュージシャンが曲のための正しいテンポを設定するように、その導入部分の定型的な文章を使って扱いやすいゆっくりとしたペースを設定しましょう。

［訳注4］ 第3章［訳注7］（123頁）参照。

直ちにジェスチャーをする

　最初の言葉が口から出てくる直前に、ジェスチャーをするために手を広げましょう。ジェスチャーの流れは考えや言葉の流れを促進します。もし証人尋問の練習をしているのであれば、片手または両手を想像上の証人に向かって伸ばして手のひらを上に向ける質問のジェスチャーを使い、証言台に向かって、直ちにジェスチャーをしましょう。もし冒頭陳述や最終弁論の練習をしているのであれば、最初のいくつかのキーワードをウエストの高さの「棚に置く」ようにしましょう。

まず口に出し、その後で書く

　プレゼンテーションのスタイルが自然な流暢さを持つようにするため、まず口に出し、その後で書くというやり方を試してみましょう。脳の言語中枢に自分の言おうとすることを生成させましょう。一度それを言った後にアウトラインを作成しましょう。声に出して草稿を作っていきながら、時々止まっては一番よいと思うアイデアを書き留めましょう。もし特定の言い回しが気に入ったなら、それを何度か繰り返して筋肉記憶を促進しましょう。その言い回しを最終的なプレゼンテーションのためにとっておくかどうか後で決めることができるようにメモに付け加えておきましょう。申立て、上訴、冒頭陳述、または最終弁論を形作り始めるとき、声に出して自由に連想するだけでも役に立ちます。

　自分が言おうとすることを声に出して草稿を作りましょう。その草稿は、最初はムラがあり磨かれていないものだと思っておきましょう。そこにはあなたが言いたくないことを見つけ出すことができる利点があります。その草稿に戻り、最初から書いて作成した場合と同じように、それを磨き続けることができるのです。

始まり方を練習する

　初頭効果の法則を考え、練習する課題の始まり方には特別な注意を払いましょう。陪審員の勤めに対する感謝や次のような決まり文句を言うことで時間を無駄にしないようにしましょう。「これは冒頭陳述と言い、ロードマップのよ

うなもので……」沈黙を埋める意味のない言葉を避けましょう。「ハーヴェイさん、いくつか質問があります……」関心を引く何かを最初から言うこと、そしてそれを興味を引く方法で言うことを練習しましょう。すぐに本題に入ってください。最初の最初からダイナミックな目的を持ちましょう。聞き手にもっと注目したいと思わせるような何かで始めましょう。これは実際にあなたが興味深い目的を持っているかどうかというよりも、興味深い目的を持っているように聞こえるかどうかの問題です。

終わり方を練習する

新近効果の法則に従うために、内容的にも形式的にも、必ず明快さと自信を持ってプレゼンテーションを終えるようにしましょう。それが自分のプレゼンテーションの強い締めくくりとなるという自信を持てるようになるまで、何度も終わり方を練習しましょう。最後の段落で何を求めるのかを練習するようにしましょう。申立ての場合（「裁判所には……することを求めます」）、冒頭陳述の場合（「この裁判の最後に、私は皆さんに……を求めます」）、または最終弁論の場合（「陪審員の皆さん、評議に際し、私は皆さんに……を求めます」）。もしあなたが陪審員の勤めに感謝しなければならないと純粋に感じるのであれば、最後から2番目のところでそうしてください。「結論を述べる前に、陪審員の皆さん、皆さんに感謝したいと思います……」これはあなたの話がもう少しで終わることを知らせる簡単な方法で、陪審員があなたの結論を注目して聞くことを保証します。

同様に、証人尋問では、証人尋問を終える一連の質問を練習しましょう。特に、最後の質問を理解し練習しましょう。もし最後の質問を計画し練習していなければ、どうやって証人尋問の終わりを知るのですか？　反対尋問では、もしあなたが最後の質問のためにあっと驚かせるものを持っているのであれば、終わりが近いと事実認定者に警告するために、「アンダーセンさん、最後に1つ質問です」といったフレーズで最後の質問のお膳立てをする練習をしましょう。新近効果の法則によれば、彼らはあなたが座る直前に言ったことを覚える可能性が高いので、あなたの事案に有利になるような興味深く記憶に残りやすい何かで締めくくりましょう。

移り変わりと見出しを練習する

記憶に関する別の練習として、１つの話題から別の話題へと移る際の移り変わりを声に出して言ってみましょう。これらの移り変わりを声に出して練習することによる筋肉記憶は緊張している場面であなたがそれらを思い出すことを手助けしてくれるでしょう。時には、新近効果と初頭効果を利用して、陪審の記憶を手助けして注意を引くために、前の話題を最終的に締めくくってから次の話題を宣言することを選んでもよいでしょう。たとえば、次のように。

> 私たちは７月15日に何が起こったかについてお話してきました。
> （終わり：どこにいたのか）
> 今度は７月17日の出来事に注目してみましょう。
> （新しい始まり：どこに行くのか）

主尋問では、同じテクニックをあなたの尋問の構造を明らかにするために利用することができます。

> ワンさん、私たちはあなたの学歴についてお聞きしてきました。（終わり）
> 今度は、あなたの職務経験についてお話しましょう。（始まり）

もし、あなたが、聞き手に対して、それまでどこにいたのかを思い出させ、次にどこに向かっているのかを知らせれば、あなたが今どこにいるのかを聞き手が理解する——そしてその瞬間にあなたと同じ立ち位置に立つ——可能性はより高くなります。

反対尋問の間は、通常、証人にあなたがどこへ向かっているのか悟られないようにするために、構造についてあまりはっきり言わないことになります。そのため、主尋問のような明確な直近／冒頭や終わり／始まりの見出しなしで、１つの質問から次の質問への移り変わりを練習しましょう。もし、次に進む前に、陪審員に前の質問について考えてほしいのであれば、次のトピックに移る際に説得的な沈黙を挿入する練習をしましょう。この沈黙の間、あなたは「今の点について考えて！」と暗黙のうちに示唆するのです。証人がたった今認めたことについて聞き手が考えられるように、沈黙を２〜３秒数えましょう。彼

らに最後の質問の重要性に気づかせ、それから次に進みましょう。3秒は長い時間のように感じられるでしょうが、もちろん実際はそうではありません。声に出さずに数える練習をすれば、移り変わりのためにより長い沈黙を使うことも不快に思わなくなってくるでしょう。

ジェスチャーを一気に活性化させることを練習する

ジェスチャーをする本能を一気に活性化させることができれば、本能が直ちに主導権を取って、あなたはより重要なことについて考えることができるようになります。この練習をしましょう。自分の言いたいことを正確に決定し、それからその言葉にふさわしいジェスチャーを探しましょう。キーワードを「棚の上」に置きましょう。ウエストの高さでのジェスチャーを伴うことによって、強調はより強くなります。

音読しなければならないとき：練習する！

書面を読まなければならないときもあります。あなたは、弾劾の際に、報告書、契約書、証人の陳述書、または宣誓供述書を読み上げる場合があります。聞き手が理解できないような速さで読みたくなる誘惑に耐えましょう。読み上げなければならないときに、それを効果的に行う方法は次のとおりです。

1. その書面を手に取って持ちましょう。それを演台の上に置いたままにしてはいけません。
2. フレーズごとに、各フレーズの中のキーワードを強調して、読み上げましょう。
3. 言葉自体だけではなく、言葉の意味をも読み上げましょう。

ゆっくりと音読することを練習し、さらに、もし必要があれば、音読を手助けするために書面に印を付けておきましょう。フレーズ間で一時停止しようと思っている場所にスラッシュマークを入れ、意味を明確にする各フレーズのキーワードに下線を引きましょう。このようにすれば、数分間の練習によって確実に最大限のインパクトを与えることができるようになるでしょう。

結局、どんな文書であっても、それを声に出して読み上げるときに重要なの

は、大きなインパクトを持たせることです——それを運に任せないでください。もしその引用部分が複雑なのであれば、「もう一度読み上げます」と言って2回読み上げることをためらわないでください。2回目はさらにゆっくりと表現豊かに読み上げましょう。

記憶したことを暗唱するとき

　裁判では、時には、あるフレーズまたは文章を逐語的に復唱することが役に立つ場合があり、それが必要なときすらあります。自分の依頼者や相手方の発言を引用し、あるいは契約書、手紙、電子メール、陳述書、録音反訳、宣誓供述書などの正確な言葉を引き合いに出さなければならないこともあるかもしれません。これらの言葉が自分の口からすらすらと出てくるようになるまで、それを口に出す練習をしましょう。誰かの言ったことや文書を逐語的に引用することを計画する場合には必ず、その引用部分を正確に記憶したことを何度もチェックしましょう。記憶から何かを正確に引用することでとても説得的になることがあります。しかし、その場合、それを言い換えてはいけません。

メモとヴィジュアルエイド

　一旦プレゼンテーション全体を構築し、練習した後、自分のメモの最終バージョンを使って練習することを忘れないように注意しましょう。メモが演台の上に置かれていようが弁護士席のテーブルの端に置かれたままであろうが見やすいように、十分な大きさで読みやすく書きましょう。

　もしプレゼンテーションでヴィジュアルエイドを使うことを計画しているのであれば、それらを使って練習しましょう。それらが聞き手にとって読みやすいものであるか確認しましょう。もしフリップチャートに書き込むつもりなのであれば、大きく、読みやすく、そして丁寧に書く練習をしましょう。一般的に、「ジャンボ」サイズのマーカーペンは通常のマーカーと比べてフリップチャートをはるかに読みやすくします。

　フリップチャート、プロジェクタースクリーン、または他のヴィジュアルエイドを使って話す練習をする際、つま先を聞き手に向けて立ちましょう。もしヴィジュアルエイドにつま先を向けた場合、説得しようと思っている人たちで

はなく、そのヴィジュアルエイドに話しかけることになってしまうでしょう。つま先を聞き手に向けておけば、正しい向きに顔を向けつづけることになります。もしヴィジュアルエイドに向かってジェスチャーをする場合には、それに近い方の腕を使いましょう。もしヴィジュアルエイド上の何かを指し示す場合には、参照のためにヴィジュアルエイドの上に手を残しつつ、聞き手に話しかけるために頭と目を元の向きに戻しましょう。ヴィジュアルエイドに触れ、聞き手の方を振り返り、それから彼らに話しかけましょう。これを３つのＴとしてとらえましょう。触る（touch）、振り返る（turn）、話す（talk）、です。

　コンピュータで作成されたヴィジュアルエイドは大きなスクリーンに映して練習しましょう。こうすることで、見る人がそれを最初にどのように見るかについての感覚をつかむことができます。見る人にそこに書かれていることを吸収する時間を与えましょう。スクリーンに映し出したものを読んでほしいときは、見る人のためにペースとリズムを調整しましょう。話を聞くこととスクリーンを見ることに注意を分割するよう彼らに求めるのは逆効果です。彼らに読む時間を与えましょう。彼らに何を見ているのかを教えましょう。

これは救急救命室の報告書です。

そして、彼らにあなたがスクリーンのどの部分を見てほしいのか教えましょう。

　ページの真ん中にある、血中アルコール濃度を示す欄を見てください。

　スクリーンに向かって話しかけないでください。陪審員に対して、何がスクリーンに表示されているのかを語ってください。もしあなたがヴィジュアルエイドから読み上げようとするのであれば、先ほど説明したように落ち着いた物腰で読み上げる練習をしましょう。

　終了したら、そのスライドを取り払い、空白のスライドに移動し、画面を青または黒の画面に変えましょう。

法廷の儀式を声に出して練習する

　法廷では、裁判官に伝え、かつ記録に残すために、適切な順序で必要な手順を踏んで、声に出して言わなければならない口頭の儀式がたくさんあります。これらの儀式には、証拠物件を証拠として用いる場合の手順や、過去の不一致供述を用いて証人を弾劾する場合の手順などがあります。もしこれらの儀式を声に出して練習すれば、それらの手順を自信を持って進めることができるようになります。それらは反射的に出てくるようにしなければなりません。たとえば、以下のような手順です。

　私が手にしているのは、乙１号証として請求されたものです。これからその同一性を確認します。
　相手方代理人に示します……。
　裁判長、これを証人に示してよろしいでしょうか。
　今あなたに示しているのは、乙１号証として請求されたものです。
　これに見覚えがありますか？
　これは何ですか？（あるいはその他の質問）

　証拠物件の種類が異なれば、証拠として利用するためには、異なる言葉の儀式が必要となります。写真に関して証拠としての基礎を固める方法は、業務記

172

録に関して証拠としての基礎を固める方法とは異なります。これらの様々な基礎となる質問が適切な順序で反射的に出てくるようになるまで練習しましょう。自分の練習場所で、相手方代理人に証拠物件を示すときや証人に示すときとまったく同じ言葉で、これらの手順を声に出して行いましょう。言葉だけでなく、動作も含めた、すべての手順を練習すればするほど、プレッシャーのかかる状況でもあなたの筋肉記憶がそれを思い出させてくれるようになるでしょう。

ビデオを撮影する

　他者と同じように自分自身の姿を見、声を聞くことほど価値のあるフィードバックはありません。もしビデオカメラや動画撮影のできるスマートフォンを使うことができるのなら、それを使いましょう。練習するときは、レンズに目の焦点を合わせてカメラに向かって直接話しかけることは避けましょう——機械に向かって話している間、集中力を保つことはあまりに難しすぎるからです。もし証言台の代わりに椅子を使っているのであれば、カメラを少し横に置きましょう。もしくは、陪審員の視点から自分自身を見ることができるように、カメラを陪審員が座るはずの場所に置きましょう。

　ビデオを見るときに、辛らつな批判をすることは避けましょう。あなたが気に入らない部分にだけ焦点を当てるのはやめましょう——肯定的な要素についてもちゃんと見て聞くようにしてください。自己分析をより客観的かつテクニカルに行うための1つの方法は、説得スタイルの中の計測可能で数値化できる要素に注目することです。どれくらい頻繁に足を動かしているか？　1分間に何歩動いているか？　自分が考えるため、あるいは陪審員に考えさせるために、何秒の間を取っているか？　最初のジェスチャーをするまでにどれくらいかかっているか？　ジェスチャーは何秒間持続しているか？　そのような数字を一度知れば、次に練習するときに、歩いたり動いたりすることを少なくする、間をより多く取る、より早くジェスチャーをする、といったはっきりとした目標を設定することができます。付録2のビデオによる自己評価チェックリストは自分で評価をする際の手助けとなるでしょう。

◆特定の問題を解決するための練習方法

「声が小さすぎる」

　もし声が小さすぎるのであれば、話す前と話している間の両方について、より深い腹式呼吸をする練習をしましょう。文章の合間に、より長く大きな呼吸ができるよう、意識的にペースを落とし、時間をとりましょう。文章を1文ずつ口に出して、文章の終わりに、より深い呼吸ができるよう、止まる練習をしましょう。強調する言葉はより大きな声になるので、すべてのフレーズで最低でも1つのキーワードを強調するようにしましょう。言葉が手の動きと結びついている感覚をつかむために、練習する際にジェスチャーをすることを忘れないようにしましょう。

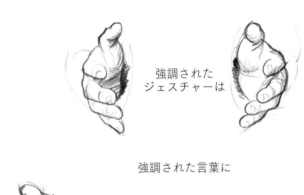

強調された
ジェスチャーは

強調された言葉に

つながる

　声の小さい人は、文章や質問の最後のフレーズや単語で次第に声が小さくなる傾向にあります。この傾向に対抗するために、文章や質問の最後に近づくにつれ、大きな声で話すようにしましょう。意識的に各文章の最後の単語を強調

しましょう。終わりの部分で声を大きくするよう自分に言い聞かせましょう。このようにすることによって、発言全体を通じて一定の音量を保てるようになります。

「じっと立っていられない」

立ち上がり、靴の中で意識して足の裏を感じましょう。足の指先を動かしましょう。自分の足が床に接していることを感じましょう。その床は、建物の基礎の上に載っており、その基礎は大地に埋め込まれています。あなたの土台は、地球全体です。あなた自身がそれに固定されていることを感じましょう。話し始めたら足を動かしてはいけません。話しながら歩こうとする本能を抑制しましょう。話し始めたら足を地面に据え付け、代わりに手に散歩の代わりになることをさせましょう。

そして、直ちにジェスチャーをしてください。身体的なエネルギーは、下に向かう経路を見つけようとして自然に足の方に向かいますが、それに任せるのではなく、エネルギーを腕に送りましょう。腕が適切にジェスチャーをするようになれば、声もまたより表現豊かになります。

まず最初に、足を動かさずに1つの段落や1つの話題について話す練習をしましょう。徐々に、1か所に立って冒頭陳述や最終弁論のすべてを行うことができるようになっていきましょう。じっと立っていられるようになったら、話題の間の移り変わりとして、限定的に移動を用いる練習をしましょう。たとえば、冒頭陳述においては、ある位置に立ってあなたの依頼者のことを話し、それから別の位置に移動して相手方について話をしましょう。さらに3か所目に移動して結論を述べましょう。証人尋問でも、話題の移り変わりを示すために移動を何回か用いることを練習しましょう。

「話すのが速すぎる」

話すのが速いのはただの癖であり、癖は直すことができます。フレーズや文章を分割する短い沈黙に注目し、フレーズごとに話す練習をしましょう。話す前には、深呼吸をして、部屋の中の沈黙を聞くことに集中しましょう。話すときにも、この沈黙を利用しましょう。話し始めたら、最初の一連のフレーズの間に直ちに沈黙を挿入しましょう。文章の終わりにきたら、本能が指示する時

間よりも長い時間停止しましょう。文章の終わりのピリオドを停止信号だと想像し、しばらくの間、その信号でじっと待ちましょう。話すときの速度に焦点を当てるのではなく、話していないフレーズ間の空白に焦点を当てましょう。

　ちょうどよいリズムを知るために、次のようなフレーズを声に出して言ってみましょう。フレーズの前の沈黙とフレーズの間の沈黙に耳を傾けましょう。

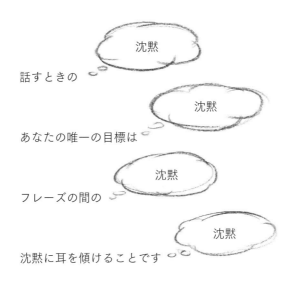

話すときの　　　沈黙

あなたの唯一の目標は　　　沈黙

フレーズの間の　　　沈黙

沈黙に耳を傾けることです　　　沈黙

　今のフレーズを声に出したときのペースを練習するときに使いましょう。一旦その沈黙を聞くことができるようになれば、自分自身に考える時間を与えることでどれだけ話しやすくなるか気づくでしょう。弁護士として話すのにふさわしいペースになるまで、フレーズや文章の間の沈黙の空白を単純に短くしていきましょう。ただし、これは練習であって、会話のペースを見つけ出そうとする試みではありません。一旦自分自身のスピードを落とす方法を知れば、あなたは再びテンポを速くすることもできるでしょう。

「目の焦点が合わない」

　焦点をまず合わせてから話すことを儀式化しましょう。部屋の向こう側にいる想像上の証人、裁判官、仲裁人、または陪審に視線を固定するまで話し出さ

ないようにしましょう。意識的に目の焦点を合わせ続けながら声を出して話しましょう。自分の目がさまよっていることに気づいたら——もしかしたら考えるためそのまま停止したとき、床や天井を見ているかもしれません——アイコンタクトがなくなっていることを意識し、元々焦点を合わせていた地点に焦点を戻しましょう。想像上の証人に対して質問する練習をする際には、その人をまっすぐ見るようにしましょう。紙に実物大の目を2つ描き、それを椅子にテープで留めましょう。質問する際には、それらに焦点を合わせましょう。想像上の陪審が座っている場所を特定し、彼らに話しかけましょう。陪審員席の両端を示すために椅子を2つ使いましょう。練習するときは、その間に座っている想像上の1人ひとりの陪審員に対して順番にアイコンタクトを取りましょう。

「『えー』と言いすぎる」

「えー」と言う習慣をなくすためには、代わりに沈黙を挿入しましょう。親しみがある一般的な話題を選んで、話し始めましょう。先週末に何をしたか表現しましょう。前回の休暇の際にしたことについて話してみましょう。大きな声で話し、どもらないようにしましょう。声を出して話すときの目標は、フレーズで話し、フレーズや文章の間の隙間に気をつけることだけです。速さは重要ではありません。沈黙が重要なのです。あなたの目的は、思考中のノイズとそれを置き換える沈黙を意識できるようになることです。

始める前に、自分の周りの沈黙に耳を澄ましましょう。話し始めたら、フレーズや文章の間の隙間に沈黙を挿入しましょう。そのペースを文字にしてみるとこのようになります。

先週……（隙間に注意）
私は極めて忙しく……（隙間に注意）
1分たりとも休みませんでした。（隙間に注意）
土曜日に目を覚ましたとき……（隙間に注意）
最初にしないといけなかったのは……（隙間に注意）
頼まれていた用事を済ませ……（隙間に注意）
オイルを交換することでした。（隙間に注意）

思考中のノイズを発してしまったら、それを聞いて心にとめておいてください。しかし、自分自身を責めるために止まってしまうことのないようにしましょう。思考中のノイズのような深く染みついた頑固な習慣は定期的に現れ続けます。「えー」とか「あのー」と言うことなく長い時間話すことが少しずつできるようになることを目標にして、話し続けましょう。もしそのようなノイズを耳にしたときは、それを認識して、それ以上使わないようにして先に進みましょう。

　先週末のことや休暇のことについて思考中のノイズなしに自由に話すことができるようになった後も、この練習を繰り返しましょう。ただし、そのときは法律に関連する話題について話しましょう。ちょうど今あなたが考えていることや机の上に置かれているものを使いましょう。何か法律的なことを説明しましょう。「合理的な疑いを超える」や「証拠の優越」が何を意味するのか話しましょう。商標権と著作権の違いについて説明しましょう。法律家ではない誰かに法的な概念や専門用語の意味を教えることを想像しましょう──裁判官、陪審員または仲裁人に対して事実を教えるのと同じように。繰り返しますが、フレーズの間の隙間に気をつけるように意識することが重要なのであって、題材はそれと比べるとさほど重要ではありません。

　練習の時間は短くとどめましょう。最初のうちは、5〜10分程度が最もよいでしょう。はっきりとコントロールして思考中のノイズなしに話すことができる時間を徐々に長くしていきましょう。そして、冒頭陳述や最終弁論のようなより長いプレゼンテーションを練習しましょう。十分注意を払う能力を身につけることができたら、次のステップは思考中のノイズなしに会話する練習をすることです。よりカジュアルな状況で「えー」と言う代わりに沈黙を使うようにしましょう。これをすればするほど、より早く、この新しい習慣、つまり、思考中のノイズなしに話す習慣を身につけることができるようになります。これが会話の中でできるようになれば、弁護活動の中で行うことは比較的簡単です。

……隙間に注意！

「主尋問の際に、答えの後に『なるほど』と言ってしまう」

　多くの弁護士たちは、証人が主尋問で答えを述べた後に無意識に「なるほど」と言ってしまいます。あらゆる習慣と同じように、この反射的な「なるほど」の使用はいくつかの理由からなくすことが難しいのです。「なるほど」は、会話の中で自分たちが話を聞いていて理解していることを確認するために私たちが使う表現です。私たちはうなずきます。そして、私たちは、「うん」、「へぇ」あるいは「なるほど」と言います。弁護士は宣誓供述録取の際に繰り返し「なるほど」ということによって無意識にこの習慣をより強固にしています。

　自分自身で「『なるほど』と言うのをやめろ！」という否定的な指示をしてもこの習慣をなくすことはできません。特に、「なるほど」を挿入していることをそもそも意識していないときには、脳はこのような注意にうまく反応しません。もし自分がそう言っていることを意識することができれば、それは止まります。この習慣を直接攻撃しようとするよりも、そのタイミングに注目しましょう——あなたが「なるほど」と言うちょうどその瞬間に焦点を当ててください。それはあなたの証人が答えを終えた直後の瞬間です。「なるほど」は、あなたがそれを取り除く間もなく、それを把握する時間すら得られないうちに、口から飛び出します。それは次のように聞こえるでしょう。

　　Ｑ：あなたは何で生計を立てているのですか。
　　Ａ：私は配管工をしています。
　　Ｑ：なるほど……配管工になってからどれくらいですか。
　　Ａ：20年になります。
　　Ｑ：なるほど……誰かの下で働いているのですか。

A：自分自身でやっています。
　　Q：な̇る̇ほ̇ど̇……。

　「なるほど」は答えの直後に生じるので、その瞬間に注意を集中しましょう。証人が話し終えるやいなや、息を吸いましょう。息が吸い込まれている間は「なるほど」が滑り出ることはできません。肺を空気でいっぱいにするためには、「なるほど」と言うのと同じくらいの時間、約１秒かかります。その間、あなたは次の質問をまとめ、陪審員には証人の答えについて考えさせましょう。息を吸いながら、次の質問の最初の言葉について考えましょう。それは「なるほど」ではなく、むしろ、「誰が」、「何を」、「いつ」、「どこで」、「なぜ」、「表現してください」、「説明してください」あるいは「教えてください」になるでしょう。

　想像上の法廷で、証人席に向かって、主尋問を声に出して練習しましょう。それぞれの質問の前に意図的に息を吸いましょう。証人が答えを終えた後、身体が反射的に息を吸うように訓練しましょう。古い習慣（「なるほど」）が新しい習慣（息を吸う）に置き換わります。練習の際には両方の役割を演じてみましょう。質問をして、それから証人が言うであろう答えを述べましょう。その答えと次の質問の間に、意識的に息を吸いましょう。あなたは、自分の唇が「なるほど」の形をしても、それが言葉になって出てくる前に自分でそれを捕まえることができるようになり、自分が進歩していることを知るでしょう。その段階に達すれば、やめてもよいでしょう。

「反対尋問の際に、誘導尋問を『それで……』で始めてしまう」

　反対尋問における誘導尋問は、しばしば「それで」という接続詞で始まり、ときには「それで……えー……」のようにそれに思考中のノイズが続きます。これはよくある言語上の習慣で、主尋問の間に「なるほど」と言ってしまうことと似ています。「それで」という言葉は、弁護士が気づく前に出てきてしまうので、それを抑えることはさらに難しいのです。

　　Q：あなたは配管工なんですね、間違いありませんか？
　　A：はい。

Q：それで……あなたは20年間配管工をやっている、そうですね？
A：はい。
Q：それで……えー……あなたは自営でやっているんですか？
A：はい。
Q：それで……えー……。

　自然な会話では、頻繁に「それで」という接続詞で文章をつなぎます。それはよくある、深く染みついた言語上の習慣なので、脳は反対尋問で質問の間に「それで」を挿入する準備をしているのです。「なるほど」のような他の習慣と同じように、「『それで』と言ってはいけない！」という否定的な指示を自分自身に与えることでは、この習慣をなくすことはできません。意識的な呼吸に置き換える、という肯定的な指示を自分自身に与えてください。あなたが「それで」や「それで、えー」と言ってしまうのは、証人があなたの質問に答えた直後です。証人が答えを終えるやいなや、息を吸いましょう。息を吸っている間、「それで」は出てくることができません。

　反対尋問の中で用いる誘導尋問を声に出して言う練習をしましょう。それぞれの質問をする前に意識的に息を吸い、質問の前に反射的に息を吸うように自分の身体を訓練しましょう。両方の役割を演じ、自分自身の質問に声を出して答えましょう。「はい」または「いいえ」と答えた後、次の質問をする前に息を吸いましょう。

「あまりに単調だ」

　この問題には2つの方法で対処しましょう。もし可能ならば、自分自身の様子をビデオで見てみましょう。自分の顔が真剣な表情なのか、それとも特定の態度をとらず感情もなく話しているのか、評価しましょう。

　まず、顔を直しましょう。眉、目、そして唇が、第1章で説明した中立的な警戒態勢となるようにしましょう。眉間にしわが寄っていれば、それを緩めてください。眉を上げ、唇同士を離しましょう。

　次に、自分の顔が聞き手に何を伝えているか、自問自答してみましょう。態度を選択してください。興味を持っているのか？　関心を持っているのか？　熱望しているのか？　弁護活動の基本の態度は、真面目、厳粛、そして深刻で

す——それは、アメリカンゴシック[訳注5]の法律家版のような、あるいは救急搬送されてきた死体のような、などと表現できるようなものです。しかし、徹底した真面目さはあまり注目や興味を引く人間の態度ではありません。そこで、第2章の態度の一覧を参照しつつ、自分のふるまいにもう一度エネルギーを与えましょう。自分の戦術に適するように態度を選択しましょう。

　より興味を引く態度を見つけ出す1つの簡単な方法は、「自分が呼び起こしたいと願っている感情や態度は何か？」と自問することです。冒頭陳述では、あなたの依頼者について話すときに1つの態度を用い、相手方について話すときには別の態度を用いましょう。重大な人身事故の事案で、事故前のあなたの依頼者にとって人生がどれだけ素晴らしかったかを表現するために1つの態度を用いるとします。「彼は、以前は毎日5マイル走っていました」。事故の後、その人生がどれだけ厳しいものになったかを表現するためには、違う態度を用いましょう。「今や、彼は介助なしに立ち上がることもできません」。主尋問では、好奇心を持っている様子を練習しましょう——陪審に証人が興味深い証人であることがわかるようにしましょう。もし反対尋問で陪審にその証人について懐疑心を抱いてほしい場合には、懐疑心を取り入れましょう。もしくは、少なくとも初めのうちは優しく証人を殺し、そしてその後徐々に厳しくしていきましょう。特定の態度を取り入れて最終弁論を練習しましょう。たとえば、熱心に訴え、懇願し、おだてながら弁論をしてみましょう。義憤に駆られ、驚き、困惑し、懐疑的になってみましょう。

◆形式ばらない練習セッション

　これまで提案してきた様々な練習セッションは比較的形式ばったものです。1人で部屋の中で声を出して練習するとき、あなたは実際の手続をシミュレートします。これらの練習セッションは欠くことのできないものですが、それらは決して唯一の練習の機会ではありません。それ以外にも、自分の技術を向上

［訳注5］　アメリカ合衆国の画家グラント・ウッドが描いた著名な油絵で、厳しい表情の男女の肖像が描かれている。多くのパロディに用いられている。

させるために形式ばらない練習セッションを作り出すことができます。これらの形式ばらないセッションですべての技術を同時に練習することができるわけではありませんが、脳と話すときの声とを調和させるためにとても役に立つことがあります。

　以下はいくつかの形式ばらない練習の提案です。

１．車を運転している間に声を出して練習する。ハンドルを握っているときはジェスチャーの練習をするべきではありません。とはいえ、運転している時間は、思考中のノイズ、話すのが速すぎる、あるいは声が小さすぎるといった言語的な技術を練習するよい機会を与えてくれます。あらかじめ決めておいた時間——たとえば、10分間——練習するよう自分自身を律しましょう。遠慮なくやりましょう。もし口頭弁論期日に行くために運転しているのであれば、この種の練習をすることには特に価値があります。それは口頭表現のウォームアップになります。その日にすでに何回も練習していれば、より大きな自信を持つことができます。

２．運動のために歩いている間に声を出して練習する。このような練習を行っているすばらしい仲間がいます。アブラハム・リンカーンはこの方法で練習しました。歴史家ハロルド・ホルツァーによれば、「彼は、スピーチに慣れるために、スプリングフィールドの通りを歩きながらスピーチの一節を声に出して朗読していました」。このような時間は冒頭陳述や最終弁論を声に出して草稿を作成するのに適した時間です。冒頭陳述や最終弁論の最初のあるいは最後の段落のような、分離できる部分を練習することから始めましょう。このようにしていくつかの異なるテーマのバリエーションを用いてスピーチすることを試してみましょう。

３．人前で話をする当日の朝のルーティーンの際に声に出して練習する。シャワーを浴びたりコーヒーを入れたりする際に、その日にプレッシャーのかかる状況で言わなければならないことを声に出して練習しましょう。プレッシャーのもとで話す何時間も前に、自分の脳と声にウォームアップしておく機会を与えましょう。この種の練習は筋肉記憶を発達させるので、極めて役立ちます。

できることならば、実際に行う直前にも、声に出して練習しましょう。近くの空室、誰もいない階段の吹き抜け、あるいは空いているトイレでもよいので、そこに入って最初の文章を声に出して言いましょう。あなたは導火線に火が付いた状態になり、いつでも話し出せるようになっていることでしょう。

日常会話の際に練習する

　話をするときはいつでも、明瞭で理解しやすくなるように練習する機会です。実演するプレッシャーを感じていないときに練習するのは、特にやりやすいですし、役に立ちます。友人や同僚とのカジュアルな話の中で思考中のノイズをなくす練習をしましょう。個人的な会話の中で、ペースを落とし、フレーズで話すようにしましょう。プレッシャーのもとで話す技術を少し試すために、会議や講義の中で質問をしたり進んで意見を言ったりしてみましょう。
主尋問での課題について準備するために、会話の中で自由回答式の質問をしましょう。「誰が」、「何を」、「いつ」、「どこで」、「なぜ」、「どちらを」、「どうやって」、「表現してください」、「説明してください」、「教えてください」という言葉を使った質問をしましょう。そうすることによって、あなたは会話の相手としてより魅力的になるだけでなく、さらに、会話をコントロールしながら他者から情報を引き出す能力——これは主尋問において極めて重要な技術です——を向上させることができます。

観察し、適合させ、採用する

　よい手本となる人からアイデアを盗みましょう。その人のスタイルを構成する要素のいくつかを自分に合わせてあるいはそのまま採用し、それらを自分自身のものにしましょう。本当に最高の話し手の話を聞くときには、しっかりと見て聞いて、彼らがなぜそのような強い印象を残すのか、理解しましょう。彼らのペースの作り方に耳を澄ませましょう。彼らはどれくらい沈黙を使っていますか？　彼らの目を観察しましょう。彼らのジェスチャーを見ましょう。あるとりわけ効果的なジェスチャーについて、自分に合わせて、自分自身のものにすることはできるでしょうか？　ジェスチャーのボキャブラリーを増やすことは言葉のボキャブラリーを増やすことに似ています。人が新しく言葉を学ん

でそれを使いこなすことができるのと同じように、新しくジェスチャーを学ぶことでそれを自分自身のスタイルの一部にすることができます。

　平凡な話し手の話を聞くときには、なぜ彼らが乏しい印象しか残さないのか、自問してみましょう。思考中のノイズを数えましょう。ペースが速すぎるかどうか判断しましょう。そのような自分自身が伝えるときには避けたいスタイルの要素を書き留め、それと逆のことを練習しましょう。

対極法

　自分のスタイルを研ぎ澄ます際には、それを構成するそれぞれの要素を意識するようにしましょう。もしかしたら、あなたは声が大きく威厳があり、明瞭であるものの、早口で話す人かもしれません。そして、あなたはキーワードを強調するときにその一環として定期的にジェスチャーをすることができているかもしれません。つまり、単純化して言えば、あなたは、声が大きくて、勢いがあり、いきいきとしているということです。これらはみな個人的なスタイルを構成する要素としては長所になります。しかし、さらにもっと多すぎるくらいの長所を持つことができます。大きな声で早口で話し、いきいきとジェスチャーするだけでなく、時には、自分自身に言い聞かせることにより、小さな声で、ゆっくりと話し、じっと身動きしないようにすれば、対比は最も鮮明になり、最も変化に富むようになります。対極法を発動させ、時折あなたの大きな声が小さくなり、速かった話し方がゆっくりとなり、いきいきとしたジェスチャーが停止するようにしてみましょう。

　対極法を用いれば、頼ることができる技術を突如として倍持つことになります。自分の強み——ここでは、声が大きい、話すのが速い、いきいきとしているということ——に頼るだけでなく、それらと逆のことも行います。このようにすることによって、あなたの話し方は興味を引き続けることができます。聞

き手は、同じスタイルの要素を次々に浴びせられているように感じることはなく、次の驚きと対比を楽しみにするようになります。人間は変化に富んでいることを求めます。私たちは使い古された同じものが何度も何度も繰り返されると急速に疲れてしまいます。このことはスタイルについて特に当てはまります。自分の声とプレゼンテーションが、予測のつく、繰り返しばかりの、そして——究極的には——つまらないものにならないように、選択肢を混ぜ合わせ、聞き手を驚かせましょう。

　予期していなかったスタイルの方向に進むとき、新しい表現の能力が得られます。当たり前でない選択肢——あらかじめ想定されていなかったことをすること——の力は、言葉、フレーズ、文章、そして質問の重要性を示すことができることにあります。もし自分のスタイルが、声が大きく、話すのが速く、いきいきとしているというものであれば、重要なポイントでさらに大きな声で、より速く、いきいきと話しても、さほどうまく強調することはできません。むしろ、やりすぎになってしまいます！　そうではなく、より広い範囲のスタイルの構成要素から選択しましょう。「私の普段のふるまいの逆は何だろう」と自問してみてください。お気に入りのレシピにエキゾチックなスパイスを加えましょう。まったく別の人格になりきることや、話し方を抜本的に変化させることが必要なのではありません。ただ少しだけ、静かに、ゆっくりと話して、動かないようにすればよいのです。

　プレッシャーのかかる状況でこのテクニックを試す前に、そのような自分の特徴とは異なる選択肢を選ぶ練習をしましょう。練習すれば、自分のスタイルのボキャブラリーの幅が広くなり、新しい選択肢をいつでも選べるようになったことを発見するでしょう。熟練したジャズの演奏家のように、あなたはその瞬間を生きることができるようになり、ある選択肢が正しいかどうかを直感的に感じることができるようになるでしょう。

◆精神的なゲームのための練習

　自分の儀式を見つけ出すこと、揺るぎないテクニックを身につけること、話をする際のよい習慣を身につけること。これらの長い道のりは、いずれも、法

廷に行く準備ができていると感じられるようになるためのものです。裁判を前にして、怖じ気づくのではなく、気分を奮い立たせることは、あなたが身につけるべきテクニックの中でも決定的に重要な、一番最後のテクニックです。弁護士としてふるまうプレッシャーを前向きに捉えて先手を打つためには、自分自身との「頭脳ゲーム」に勝たなければいけません。精神面の準備は、思考中のノイズを根絶したり、じっと立つことを学んだりすることと同じように、どちらかというとテクニックと練習の問題です。その準備のためには、それぞれの弁護士に独自の課題があります。

　以下では、精神的なゲームのための練習方法について、考え方をいくつか挙げておきます。

１．**気分を奮い立たせる。**法廷弁護士は、激しく競い合う知力の闘いに従事しています。そこには勝者と敗者、そして審判としての裁判官がいます。勝とうとするのであれば、ちょうどアスリートたちが行うように、競い合う前に自分自身を奮い立たせましょう。アスリートたちは、自分自身を奮い立たせるために、歌を歌い、叫び、お互いを励ますように叩き合います。テクニックの１つとして、自分自身に気合いを入れましょう。「私にはできる！　私は勝てる」。自信は準備を基礎とします。自分自身に言いましょう。「準備はできている。私は練習してきた。できる準備はすべてやってきた。私は勝ちたい」。準備のためにこの本にあるテクニックを用いましょう。そうすれば、あなたは、怖じ気づくのではなく、自分自身を奮い立たせることができます。

　もし一度でも話す際に本当に嫌な経験をしたことがある場合には、あなたはPTSD、つまり「心的外傷後発言障害（post-traumatic speaking disorder）[訳注6]」とでもいうべき症状に苦しんでいるかもしれません。もしかすると、あなたはロースクールや大学で、あるいは人生のもっと早い時期に、同級生の前で話しているときに頭が真っ白になったことがあるかもしれません。その１回の悪い経験はまだあなたにとりついているのでしょうか？　もしそうなら、今こそそれを乗り越えましょう。

[訳注6]　なお、一般に用いられている PTSD（心的外傷後ストレス障害）は post-traumatic stress disorder の略である。

練習する際にビデオを撮り、付録2のビデオによる自己評価チェックリストを用いて見直しましょう。スタイルを構成する要素に注目しながら、ビデオを見て、聞きましょう。1枚の紙に、自分がすでに実行していることでうまくいっていることを列記していきましょう。具体的に挙げてください。「じっと立っている。『えー』と言っていない。自然にジェスチャーしている。緊張しているように見えない」。それを基礎として、その上に自分の新しい自信を積み上げていきましょう。自分が好きでない点について必要以上に批判的になったり、変えることができない点に否定的なエネルギーを無駄に費やしたりしないようにしましょう。「私はもっと痩せなければいけない」とか「私の目は寄りすぎている」といったことです。そのような行動は自分を怖じ気づかせます。やめましょう。

　あなたが次に実演しなければならないときに、その肯定的な事柄のリストを見直し、「これだけのことができているんだ」と自分自身に言い聞かせましょう。自分のスタイルを構成するそれらの肯定的な要素に焦点を当てましょう——そうすればあなたは徐々にPTSDを克服することができ、それを永遠に置いて進んでいくことができるでしょう。

２．不安を克服する。 弁護活動はその人の極めて個人的な事情に起因する問題や不安を呼び起こすことがあります。注目の中心にいることが大嫌いだと告白する法律家もいます。熱心に見つめられることが好きではない人もいます。さらに、見知らぬ人と目を合わせることが好きではない人もいます。反対尋問に必要な自己主張の強さを作り出すことに居心地の悪さを感じる人もいます。その人にとっては、反対尋問はあまりに攻撃的で、横柄だと感じられるのです。

　このような問題のいずれかに悩んでいる場合でも、あなたは変わることができきます。意識的に、自分の個人的な不安に対処していくという決定を行いましょう。何が自分を最も悩ませているか、ピンポイントで確定し、その特定の技術を練習し、それを行うことに慣れましょう。

３．呼吸を練習する。 この本の中で説明したすべてのテクニックの中でも、意識的な呼吸の練習は最も重要なもので、そして最も過小評価されているものです。裁判に向けて準備する際に、意識してゆっくりと呼吸することによって、

役に立たない否定的な予想を遮断しやすくなります。廷吏が「皆様、ご起立ください！」と呼びかけ、まさに裁判が始まろうとするとき、あなたが知力を保つために最後にできるのは呼吸することです。このテクニックを用いれば用いるほど、うまくいくようになります。もしその瞬間の意識的な呼吸に集中すれば、これからのことについての不安に集中することなく、自分のやるべきことに向けて自分自身を奮い立たせることになるでしょう。

◆ まとめ

どのような技術であっても、上達するための唯一の方法は練習です。究極の技術は、あなたが知っていることをノウハウという揺るぎない技術に変えられるようにすることです。練習することについて感じるであろうあらゆる抵抗感を克服し、1人で、声を出して、たくさん練習することを覚えましょう。完璧になるために準備するわけではないことを覚えておいてください。よりよくなるために練習するのです。忍耐強く、きちんと行いましょう。毎日何時間も時間を取る必要はありません。短いセッションの方がより生産的なこともあります。

構造化された即興の技術に磨きをかけることができるような、ヴィジュアルエイドとなるメモを作成しましょう。始めるとき、足から頭までの身体のチェックリストをチェックしていきましょう。発声器の筋肉がいつでも働くことができるように発声器をウォームアップさせましょう。最初と最後の部分のリハーサルをするのに特別のエネルギーと注意を費やしましょう。一旦、最初に何を話すかを決めたら、ジェスチャーをするための本能を一気に活性化させられるように訓練しましょう。

ヴィジュアルエイドを用いて練習し、もし文書を読み上げるつもりなら、その文書をゆっくりと、意味を持たせながら、数え切れないくらいの回数読みましょう。もしうまくなろうとしている特定の技術があるのであれば、もっぱらその技術だけに焦点を当てる時間を1日10分間取りましょう。

正式な練習セッションに加え、流暢かつ明瞭に会話する能力を向上させるために、日常生活で話す機会——形式ばらない練習——を利用しましょう。他の

弁護士や演説をする人を注意深く観察しましょう。話す才能のある人が用いている技術を見たら、それを自分に合わせ、取り入れましょう。平凡な話し手が効果をより弱めている問題点を理解し、それらを避けるようにしましょう。話すために自分自身を奮い立たせましょう。うまく行うことの興奮と満足を知りましょう。

　練習は本当に効果があり、驚くほど短時間ではっきりとした結果を生み出します。誰でもよいので、プロのアスリートや音楽家に聞いてみてください。もしあなたが提案された練習をいずれも実際に試さないままにここまで読み進めてきたのであれば、本を置いて実際にやってみてください。

自分自身に言い聞かせましょう

たった5分の練習が自信を作る。

メモがうまく使えるものなのか確かめるために、作ったメモを使って声に出して練習しよう。

交通渋滞だ！　スピーチの最初の部分をもう一度練習しよう。

「えー」をなくして、沈黙して考えよう。

この同僚とのランチの間、アイコンタクトをより意識しよう。

この電話の間、自信ありげに聞こえるように、階段を下りるように声の高さを下げながら話そう。

早口になってしまうのはただの癖だ。代わりにフレーズごとに話そう。

時間がなくなったときにすぐに結論に飛べるよう、結論の部分を練習しよう。

第 5 章

裁判で技術を活用する
Applying Your Skills at Trial

この章では、あなたがこれまでに学んだ伝え方の技術を統合し、裁判のそれぞれのフェーズ特有の条件と組み合わせます。今こそ、すべてを統合して、身体と脳と声を、冒頭陳述や最終弁論のスピーチや、陪審員選任、主尋問、反対尋問に求められる質問の技術と調和させるときです。最大の成果をあげるためには、立ち上がって、説明されている身体の挙動の感覚をつかみましょう。話す技術の中でも、適切な質問形式のバリエーションを増やすといったことは、それぞれのバリエーションを声に出して言うことによって、座ったままでも習得することができます。

◆ 陪審員選任

　第一印象はとても重要なので、陪審員選任手続において、あなたは、肯定的な印象を作ることから始めたいと考えるでしょう。陪審員選任手続は、回答者、そして最終的に陪審員席に座る人たちと接触をもつ最初の機会です[訳注1]。彼らに話しかける前に、自己紹介をするときの自分の態度、声の調子、そしてふるまいを選択しましょう。特殊な舞台装置で行われるこの手続であなたが用いるエネルギーと態度は裁判という場に適切で自然なものであるべきです。

　もし、回答者に率直に話してほしいのであれば、あなたも彼らにオープンに──文字どおりの意味で──話さなければなりません。心を開くことは対面通行の道路のようなもので、しかもあなたが先に行かなければなりません。演台の後ろで委縮して、リーガルパッドをじっと見つめていてはいけません。演台から離れて、聞き手の目を見て、大きくジェスチャーしましょう。身体の力を抜きましょう。ウエストの下の「イチジクの葉」の位置で、防御するように両手を組み合わせないでください。話し始める前に、手をウエストの高さのレディポジションに持ち上げましょう。自己紹介するとき、すぐにジェスチャーをしましょう。このことによって、力が抜きやすくなり、心を開きやすくなります。

　メモを見ずに導入部分を伝えましょう。前もって準備をし、練習しましょう。

最初に何を言うかを正確に知ることによって、あなたは自信を持つことができ、自由になって、俯瞰的に回答者全員とアイコンタクトをとることができるようになります。この手続とあなたがしようとしていることについての簡単な説明をしましょう。この事案に最も適した陪審員たちを選択しようとしていることを説明しましょう。そして、彼らにその具体例を提供しましょう。たとえば、最近交通事故でけがをした人は、自動車事故に関する事案において適切な陪審員になりえないことは明らかです。むやみに詮索するつもりではないことを伝えましょう。個室で、内密に回答するという選択肢があることを説明しましょう。短くまとめましょう。

開く　　　　　　　　　　閉じないようにする

それぞれの人に対しては、姓に「さん」をつけて、あるいは英語であれば「sir（ご主人）」や「ma'am（奥様）」などと呼びかけましょう。大きく読みやすく姓を書いた座席表を作成しましょう。それを見ていないときは、座席表を下ろして脇に持っておきましょう。座席表を使ってジェスチャーをしたり、自分を守る盾のように前に掲げたりしないようにしましょう。回答者全員に質問をするときには、どのように反応すべきか、指示しましょう。たとえば「答えるときは手を挙げてください」などと伝えましょう。

　陪審員選任手続の進行は法域によって変わります。裁判官がすべての質問を尋ねる場合もあります。その裁判所で陪審員選任がどのようになされるかを事前に調べておきましょう。回答者に質問することが許されている場合、探るべき点について回答者に話をさせる1つのテクニックがあります。

　　　1　その事案に関係する話題を明らかにする
　　　2　その話題について様々な感情を提案する
　　　3　各個人の反応を尋ねる
　　　4　より多くのことを知るために自由回答式の質問を使う
　　　5　結論を導くために誘導尋問をする

たとえば、もし携帯電話でメールをしながら運転していたことによる交通事故の事案なら、このパターンは次のように機能します。

1　話題を明らかにする。「この事案では携帯電話でメールをしながら運転したことが関係しています」。

2　様々な感情を提案する。「一方では、メールをしながらの運転は極めて危険なことで、絶対にしないと考える人がいます。他方では、それを安全と考えて、いつもそうしている運転手もいます」。

3　各個人の反応を尋ねる。回答者を選び、尋ねてください。「メールしながら運転することについてどのように感じますか、エスコバーさん？」。答えが得られたら、無作為に別の人を選び、尋ねましょう。「違う感じ方をされましたか、ウィリスさん？」または「同じ感覚をお持ちですか、ロングさん？」ま

たは「あなたはどうですか、ゴールドスタインさん？」。予測不能な呼びかけ
をすることによって、すべての回答者に注意を促し、答える用意をさせ、答え
たい気持ちにさせることすらできます。この方法は、予測できるような形で順
番にそれぞれの人に質問していく方法よりもうまくいきます。全員に話をして
もらうため、「この点について何か個人的に思うことがある人は他にいます
か？」と尋ねてみましょう。

　このパターンは、あなたの事案に合わせ、多くの問題や話題で活用すること
ができます——大企業、保険会社、大陪審の評決、自動二輪車、銃器、アルコ
ール、請負業者、不貞行為などです。医療過誤事案では、医師のことが話題に
なるかもしれません。「この事案には 1 人の医師が関係しています。医師をと
ても高く評価する人もいます。医師の診療で傷つけられた人もいるでしょう。
あなたは、医師についてどのように感じますか？」それで会話が進みます。彼
らが話し始めれば、進展させるべき具体的な情報を得ることができ、深く掘り
下げることができるでしょう。

　このテクニックに役立つわかりやすいジェスチャーのパターンがあります。
ダブル空手チョップのジェスチャーを使って、話題を自分のすぐ前の「棚の上」
に置くことができます。「この事案は携帯電話でメールをしながら運転したこ
とに関係する事案です」。

　肯定的な感情を一方の手でジェスチャーし、もう一方の手で否定的な感情の
ジェスチャーをするなど、両端の反応を両側に配置しましょう。事案の争点を
考慮して、うまくいく話題をこのパターンを用いて発展させましょう。そして、
このパターンをジェスチャーしながら声に出して練習しましょう。

4　自由回答式の質問を使う。 ある回答者が話題について強い感情をあらわに
したら、より詳しく探らなければなりません。まさに主尋問をするときのよう
に、情報を引き出すために、自由回答式の質問を使いましょう。「誰」、「何」、
「いつ」、「どこ」、「なぜ」、「どちらの」あるいは「どのように」を用いて質問
をしましょう。詳細な情報をさらに得るために丁寧な命令形を使いましょう。

　その経験について言葉で説明してください。
　あなたが言ったことがどういう意味なのかもう少し説明してください。

それらの感情について私に話してください。
その点を詳しく述べてください。

　英語の場合、動詞で始まる質問は、多くの場合「はい」か「いいえ」の答えしか導き出さないことに気をつけましょう。「……と思いましたか？」「……と感じますか？」「……することができますか？」「……と約束できますか？」。これらの質問は、その人についての情報をあまり明らかにしてくれません。

5　**誘導尋問をする**。誘導尋問で特定の個人への質問の結論を出しましょう。「あなたは明らかに、この点に関してとても強い感情をもっていますよね、違いますか？　その気持ちを脇に置くことは難しいでしょうか？　その経験がありながらも、この事案で陪審員として公平にできますか？」

　それまで明らかにしていなかったことについて正直な答えが得られたとき、その率直さに報酬を与えましょう。もし、あなたが彼らの誠実さに感謝すれば、その回答者は個人的先入観や強い偏見についてもっと話したがるようになるかもしれません。

　私はあなたの率直さに感謝しています。
　そのことにオープンでいてくださりありがとうございます。
　あなたの誠実さを高く評価します。
　あなたの気さくさには感心します。

◆ 冒頭陳述

　説得的な冒頭陳述をするためには、事実を語ることと結論を主張することとの違いを明確に理解する必要があります。あなたは、冒頭陳述で裁判を始めます。あなたは、裁判中に明らかになると予測している事実を述べます。それは、それらの事実に基づいて推論と結論を議論する冒頭議論ではありません。議論をすることは規則に反するだけではなく、まだ証拠によって明らかになっていない事実について議論することは僭越なことでもあります。ただ、法廷弁護士はあまりに頻繁にこのようなことをしてしまっています——そして、しばしば

それをやりおおせてしまっています。冒頭陳述中の議論を避ける1つの簡単な方法は、声を出して練習しながら、自分自身に次のような質問をすることです。私が言っていることは、証人の証言、証言録取、専門家の意見、文書、または証拠物から得られた事実だろうか？　それとも、事実から自分自身で導き出した推論や結論だろうか？　もしそれが推論や結論であれば、それは最終弁論に属することです。

　もう1つ冒頭陳述で避けなければならないことは、いずれかの当事者の立場に自分自身を置くことを、陪審員に求めることです。陪審に対して、「陪審員の皆さん、もし皆さんが同じ状況に置かれたら、どうしていたでしょうか？」と聞くことはできません。「彼女は、私や皆さんがしたであろうことをしました」と言うこともできません。さらに、あなたは個人的に証人や事実を保証することもできません。また、「私」という人称代名詞や「思う」や「確信している」というフレーズに注意しましょう。この規則違反に対する異議は、「異議あり、不相当です！」となります。あなたは、相手方代理人からそう言われたくないでしょうし、その異議はおそらく認められるでしょう。事実から離れないようにしましょう。

　能力のない弁護士の間で人気のある決まり文句で冒頭陳述を始めるのは避けましょう。「冒頭陳述というのは道路地図のようなものです……」道路地図に興奮する陪審員がいるでしょうか？「これは目次のようなものです……」目次ほど説得力を持たないものはありますか？　あなたが、もっと早い段階で自己紹介をしていたり陪審員選任中に回答者へ質問したりしていたのであれば、再度自己紹介をする必要はありません。彼らはあなたが誰であるか知っています。それゆえに、知っていることを前提に続けましょう。

　ケースセオリー[訳注2]をふまえたテーマで冒頭陳述を始めましょう。興味深い様子で何か説得力のあることを言い、そのテーマにふさわしいジェスチャーを使いましょう。前もってジェスチャーと一緒に言葉を練習することを忘れないようにしましょう。以下はいくつかのテーマの例です。

［訳注2］　「事実認定者を目標とする判決に導くためには、彼らがその判決をすべき理由が必要である。当事者の一方が目標とする判決をすべき理由を、ケース・セオリー（Theory of the Case）という」。（『刑事法廷弁護技術』（日本評論社、2018年））13頁。

絶望した
人は

 絶望的なことを
する

彼女は、自分が
知っている男性の
ことを好きに
なりました。

しかし、原告は、
彼女が好きになった
男性のことを知り
ませんでした。

金がなく　　　　　　　仕事もなく　　　　　　　そして、ツキもない
　　　　　　　　　　　　　　　　　　　　　　　──それが被告だったのです！

冒頭陳述を進めるときに、「証拠が……であることを示すでしょう」と口にする回数を制限するように注意してください。冒頭陳述は証拠がそれとなく示すことを述べるものです。この不必要なフレーズを何度も繰り返し聞くとうんざりします――その意味することを具体的に説明する方がよいでしょう。その事実を証拠がどのように指し示すのか、あるいはどの証人が指し示すのか、陪審のために予告しましょう。

> 被告本人がまさにそこにある証言台に座り、……であることを認めるでしょう。
> 皆さんはその契約書の文言を目にするでしょう。
> 事故再現の専門家が、事故がどのように起こったか正確に説明するでしょう。
> 皆さんは、この強盗事件に使われた銃を見るでしょう。

　自分の依頼者について話すために適切な態度を選択し、相手方について話すためには別の態度を用いましょう。あなたが、一番の親友と話すときと不平を言ってきている隣人に話すときの声や態度が違うのと同じように、相手に合う態度を選択しましょう。

　ダイナミックで自信に満ちた音量で始めて陪審員たちの注意をつかみ、その後、時折、小さくも聞き取りやすい声で話して、その対比で彼らを驚かせましょう。伝え方のバラエティは、陪審員たちの注目を保持するために不可欠です。最も重要な事実を強調するためにペースと音量を変えましょう。ページに黄色の蛍光ペンを引くように、重要な部分はその重要性を示すような方法で言いましょう。陪審に覚えてもらいたい事実については、よりゆっくり、より強調するように話し、あるいはより小さな声で話してもよいでしょう。極めて重要な事実の後は、少し停止し、その事実が染み込むようにしましょう。この説得力のある沈黙を利用して、あなたが言ったことについて考え、処理する時間を陪審に与えましょう。

　もし陪審の奉仕に対して感謝の必要性を強く感じる場合、それは冒頭陳述の最後にとっておきましょう。誰かがそうするように言ったというだけで陪審に感謝することから始めることはしないでください。そのようにすると、あらか

じめ準備されていて、誠実でないように聞こえるでしょう。最初から誠実に聞こえるようにするのは難しいのです。しかしながら、もし終わりまで待てば、あなたはウォームアップができており、本物に見えるでしょう。あなたの結論的な考えを述べる直前に、「終わる前に、私は皆さんの奉仕に感謝したいと思っています」と言いましょう。これはあなたがまもなくまとめに入ることをも示しています。これは好都合です。なぜなら、あなたが裁判の終わりに何を求めるかについて説明するときに、陪審員たちは細心の注意を払うであろうからです。

　　裁判の最後に、私は皆さんに……に有利な判決を下すようにお願いする予定です。
　　すべての証拠が取り調べられた後、私は皆さんに……を求めます。

　最後の単語の最後の子音まで、熱量、音量、そして自信をずっと維持するようにしましょう。最後のフレーズが徐々に消えていかないようにしてください。苦労せずに口から出てくるようになるまで繰り返し最後の文を練習しましょう。

　　私は皆さんに原告に有利に認定するように求めるでしょう。
　　私は皆さんに被告に有利に認定するように求めるでしょう。
　　私は皆さんに検察に有利に認定するように求めるでしょう。

　裁判前に、タイマーを使いながら声を出して冒頭陳述を練習しましょう。特に、裁判官があなたの持ち時間を制限していた場合、あなたは自分の陳述にどれぐらいの時間がかかるか知っておく必要があります。用意したパワーポイントのスライドの数やメモのページ数によって冒頭陳述の長さを正確に推測することはできません。簡潔は美徳であることを忘れないでください。長すぎるよりは短いほうがよいのです。

◆ 主尋問

　もし陪審に、あなたの証人が言うことに関心や興味を持ってもらいたければ、質問をする際、あなたが同じように関心や興味を持っているように聞こえる必

要があります。あなたはすでに答えを知っていて、何を言うかについて本当の好奇心を持っているわけではないため、あなたは退屈していて無関心であるかのように聞こえる可能性があります。陪審に関心や興味を感じてもらうための手本になるように、あなたの証人に対する態度を考えて選択しましょう。異なる話題や異なる一連の質問ではあなたも態度を変更することが求められるかもしれません。

　主尋問は、証人との簡単な1対1の会話ではありません。それは、法廷でのプレゼンテーションです。全員に聞こえるように十分に大きな声で話し、同じように大きな声で話すように証人に指示しましょう。証人に対するあなたの好奇心のレベルを上げると、あなたのエネルギーと音量も自然と大きくなります。

　別のテクニックは、あなたの尋ねるそれぞれの質問の中で、少なくとも1つの単語を強調することです。これは、質問の意味を明確にする手助けとなり、音量も増加させるでしょう。

　　あなたは何時に立ち去りましたか？
　　会議には他に誰がいましたか？
　　契約書をどの程度詳細に読みましたか？
　　どちらの車の方が赤信号でしたか？

　あなたは、「それから何が起こりましたか？」とか「それからどうしましたか？」といった質問を何度も繰り返したい気持ちになるかもしれません。これらの質問は証人に事実ではなく物語を語らせることになりかねないため、厳密には異議の対象となりえます[訳注3]。しかし、このような形式の質問の本当の問題は、主尋問のコントロールを失わせる危険性をもたらすことです。証人は、説得力を欠き明確でもない形ですべての物語を語るかもしれません。質問に時間的な枠をはめることで、証人に長い物語ではなく短い回答を求めていることを示しましょう。

[訳注3]　英米法においては、特定の事実よりむしろ物語を話させるような質問に対しては「narrative（物語的）」の異議が認められている。日本において近いと思われるものは「個別的かつ具体的」（民事訴訟規則115条1項・刑事訴訟規則199条の13第1項）でないとの異議である。

その直後に起こったことは何でしたか？
あなたがその直後にしたことは何でしたか？
その後、最初に起こったことは何でしたか？
その後、あなたがした最初のことは何でしたか？

　主尋問は、あなたの証人と事実認定者との結びつきを助けるものであること
を心にとめておいてください。会話を三角形で考えてみましょう。3つの頂点
があります。あなたと証人と陪審です。次のようなフレーズを使って、部屋の
中で最も重要な人が事実認定者であることを知らしめましょう。「……ついて
私たちに教えてください」「……について裁判官に話してください」「……につ

主尋問者

事実認定者

証人

いて裁判所に説明してください」「……について陪審に意味を明らかにしてください」。

　ときどき陪審を見渡すことを忘れないようにしましょう。時折、証人を見ながら質問を始め、質問の途中で陪審を何気なく見つめ、そして最後に証人に戻りましょう。これは、一度に複数の人と会話するときのアイコンタクトのバリエーションです。つまり、少なくとも一瞬の間、それぞれの人を順番に見ます。特に、重要な質問の際、陪審員たちに対してこれをしましょう。注目は相互的なものです。もしあなたが彼らに注意を払えば、彼らもあなたのする質問やあなたの証人の答えに注意を払う可能性が高いでしょう。

　主尋問では、証人を主役にすることがあなたの目的です。ここで最も重要な単語は「する」という単語です。映画の監督のように、あなたは主尋問の監督になるのです。主尋問の尋問者は見えなくなるか壁紙のようになるべきだ、と示唆するありふれた説明に惑わされないでください。この方法は主尋問中にエネルギーを低くすることを意味しますが、それはあまりうまくいきません。映画監督が監督している最中に見えなくなることはありません。彼らは責任をもって、主役がよく見えるようにします。これをするためには、自分のエネルギーを高め、それを証人に向けるようにしましょう。証人の方がより話をし、あなたはあまり話さないように気をつけましょう。これをうまくやるために自由回答式の質問を使いましょう。

　主尋問において自由回答式の質問を使うように脳に教え込むため、次の言葉を声に出して言いましょう。「誰？」「何？」「いつ？」「どこ？」「なぜ？」「どちら？」「どのように？」それを記憶するまで何度も言いましょう。これらは証人に話させる質問をするための言葉です（英語の場合には、それを口にする際に、それらの単語がすべてあなたの唇を丸くすることを認識しましょう）。それらが筋肉記憶に刷り込まれるまで繰り返しましょう。自由回答形式の質問を作る際、これらの７つの単語は先頭に配置されることがほとんどです。

　誰が所有者だったのですか？
　何をあなたに手渡したのですか？
　いつ、あなたは到着したのですか？

どこにあなたを連れて行ったのですか？
なぜあなたはそこに行ったのですか？
どちらの車の方が青信号でしたか？
どのようにして彼に支払いましたか？

それらの単語は最後に出てくることもあります。

その所有者は誰ですか？
彼があなたに手渡したのは何でしたか？
あなたが到着したのはいつですか？
彼女があなたを連れて行ったのはどこですか？
あなたがそこに行ったのはなぜですか？
青信号だったのはどちらの車でしたか？
彼に支払ったのはどのようにしてですか？

質問の言葉に加えて、命令形を使ってみましょう。

その交差点の特徴を言葉で言い表してください。
先生、椎弓切除術と椎弓切開術の違いを説明してください。
あなたが返答しなかった理由を教えてください。
私たちにその専門用語の定義を教えてください。
失われた収入の額を計算してください。

　映画監督は映画スターがいつ後退するかあるいは前進するかを指示します。あなたは、証人に同じようなテクニックを使うことができます。次のような命令形はこの目的を成し遂げるのを手助けするでしょう。

そこで止めてください。そして、あなたが考えていたことを私たちに聞かせてください。
手術の前の晩に話を戻してください。
あなたが爆発音を聞く直前まで早送りしてください。

　あなたは、主尋問での回答をすでに知っているので、無意識に、誘導尋問で

聞きたいと思うかもしれません。もしあなたが尋ねていることが、前提となる事実で、争われておらず、それにより証言が進められることになる場合には、主尋問においてもそのような誘導尋問が許されることが時折あります。主尋問では自由回答式の質問をする方がよりスムーズに進むので、常に自分のしている質問がどの形式なのか正確に把握するようにしてください。すぐに自然に文法に注意を払うことができるようになります。陪審員選任手続のときと同じように、次のような系統の選択式質問[訳注4]には気をつけましょう。

> ……しましたか？
> ……していましたか？
> ……できますか？
> ……がありますか？

　これらの質問は「はい」か「いいえ」の答えを要求します。話をするのはほとんどがあなたであって、証人ではありません。次の例で、重要な情報を与えるのが誰かという点に関して、質問の言い回しがどのように影響するのかを見てください。

> Q：あなたは、銀行に対して、デザイン、顧客リスト、そしてマーケティング調査の結果を提供したのですか？
> A：はい。

これに対して

> Q：あなたは何を銀行に提供したのですか？
> A：私は、デザイン、顧客リスト、そしてマーケティング調査の結果を彼らに渡しました。

[訳注4]　原文では「動詞で始まる質問」であり、そのような質問は英語では「はい」か「いいえ」で答えられる選択式質問となる。英語では冒頭の単語で選択式質問となるかどうかが決まるが、日本語では必ずしもここに挙げた終わり方をする質問がすべて選択式質問となるわけではないことには注意を要する。以下、原文で「動詞で始まる質問」となっている部分は「選択式質問」と意訳している。

陪審は、弁護士が言うこと——つまり、あなたが言うこと——は証拠ではないと教えられていることを心にとめておきましょう。そのため、重要な証拠は、あなたから質問の形で出てくるのではなく、証人から証言の形で出てくるように注意しましょう。

　質問をどのように作り上げるかという問題をさらに複雑にするのは、選択式質問をしたとしても、自由回答式質問と誘導尋問の間のどこかに着地することがあるということです。たとえば、このような質問は、答えを示唆していません。

　　彼は有効な運転免許証を持っていましたか？

　彼は持っていた、あるいは、持っていなかった——「はい」か「いいえ」。しかし、次の質問は間違いなく答えを示唆しています。

　　彼は非常に酔っているように見えましたか？

　あなたの質問の形式——自由回答式質問か、誘導尋問か、それとも選択式質問か——が、主尋問におけるあなたの戦術的な目標に合っていることを確認しましょう。正しい質問を作ることは、努力をしなければ身につかない技術です。日常会話では、文法や語義、構文について考えることを要求されません。そのようなことを考えることは自然ではなく、そして多くの弁護士にとっても簡単ではありません。あなたが、不自由なくそれをすることができるようになるまで、正しい形式の質問を用いることを声に出して練習しましょう。

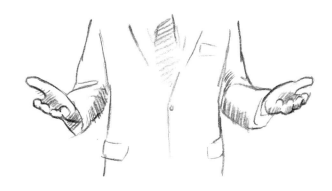

質問する際には、質問のジェスチャーを使いましょう。片手または両手で行う、手のひらを上に向けたジェスチャーは、あなたの伝達にエネルギー、強調、そして好奇心を与えます。それだけでなく、そのジェスチャーは陪審の焦点を証人に向けさせます。

　よい主尋問では、一連の質問に見出しまたはヘッドノート（要旨）をつけることが活用されます。質問をする前にそれぞれ特定の話題を明言することにより、証人、事実認定者、そしてあなた自身を精神的に集中させます。ちょうど映画監督がカメラの焦点をどこに合わせるかを選択するように、あなたはある1つの話題に焦点を合わせましょう。

　事件の前の夜に焦点を当てましょう。
　その7月13日の会議に焦点を当てましょう。
　あなたがどのように縫合糸を結んだかに焦点を当てましょう。

別の方法として、次のように見出しを表現することもできます。

　事故のあった日の天気について話をしましょう。
　その手続に伴う危険について検討していきましょう。
　あなたの特許の非明白性要素について詳しく掘り下げていきましょう。

◆ 反対尋問

　証人が主尋問の主役だとするならば、反対尋問の主役はあなたです。法廷を支配しましょう。あなたに焦点が当たるので、演台に前屈みになって、メモに鼻をうずめ、質問を読み上げたりしないでください。エネルギーや音量を上げて証人と話をし、証人を通して陪審に語りかけましょう。

　反対尋問では、一連の質問ごとにそれぞれ適切な態度を選択しましょう。敵対的な態度や攻撃的な態度を標準の態度にしないようにしましょう。反対尋問は怒っているように聞こえる必要はありません[訳注5]。しかし、反対尋問の対

［訳注5］　「反対尋問（cross examination）」の語に含まれる cross という語には、「怒っている」の意味がある。

立構造的な性質は、驚くほど本能的に、そして簡単にそうさせてしまいます。もし、あなたが始めるときに丁寧で友好的であれば、それ以上に証人を驚かせることはありません。証人は、あなたと闘うことがより困難になるでしょう。もし証人に同意してほしければ、好ましく聞こえるようにしましょう。古いことわざにあるように、酢よりも蜂蜜の方が多くのハエを惹きつける[訳注6]のです。好ましく始め、もし証人が押し戻し始めてその必要性が出てきたら、より攻撃的になりましょう。

　自分のペースをコントロールしましょう。あたかも矢継ぎ早のペースで話すことで証人の足をすくえないかと考えているかのように、速すぎるペースで話し始めるのはやめましょう。もしあなたが速く話せば、陪審は反対尋問の要点であるあなたの質問が理解できないでしょう。陪審がついていきやすいペースを用いましょう。鍵となる質問を届けるときには、文章全体ではなく、フレーズで話しましょう。

　それぞれの質問の意味を明確にするため、それぞれの質問の中のキーワードを強調しましょう。誘導尋問は証人に対する質問であると同時に事実認定者に対するプレゼンテーションでもあります。短い質問をするときであっても、少なくとも1つの単語は強調する価値があります。

　　あなたは小切手を送ることを忘れた、そのとおりですね？

1つの質問の中でたくさんの単語を強調すると、それは特に重要であるように聞こえます。

　　あなたは……小切手を……送ることを……忘れた、事実ですね？

　誘導尋問は、実際には、ほとんどの場合に陳述の形をとります。質問をするように最後に抑揚をあげることによって陳述を質問に変えることができます。

　　あなたはその電子メールを読んだことがない？

規則はこれを許しています。この陳述にはそれを質問に変化させる疑問詞のフ

［訳注6］　「厳しくするよりも、優しくする方が、多くの望みを得る」という意味。

208

レーズが付くことがあります。

> あなたはその電子メールを読んだことがないということにあなたは同意しないのですか？
> あなたはその電子メールを読んだことがないというのは真実ではないのですか？
> あなたはその電子メールを読んだことがないというのは正しくないのですか？
> あなたはその電子メールを読んだことがない。私は間違っていませんか？

あなたは、最後に疑問を示す単語を付けることもできます。しかし、同じ単語を何度も繰り返さないよう気をつけましょう。

> あなたはその電子メールを読んだことがない、同意しますね？
> あなたはその電子メールを読んだことがない、真実ですか？
> あなたはその電子メールを読んだことがない、正しいですか？
> あなたはその電子メールを読んだことがない、そうですね？

　誘導尋問では1回に1つの事実を聞くべきです。複数の事実をひとくくりにすると、次のような問題が発生する可能性があります。

> Q：つまり、あなたは数人の友人と一緒に夜の7時ころに出かけ、そして何杯かお酒を飲んだ、そうですね？
> A：いいえ。

この反対尋問者はここで立ち往生してしまいます。これらの事実のうちのどれが不正解だったのでしょうか？　彼女が出かけた時間なのか、一緒に出かけた友人の数なのか、「何杯か」についての彼女の個人的な定義なのか、それとも飲んだ酒の量なのでしょうか？　あなたには知りえないので、問題を解決することができないのです。

　質問ごとに1つの事実のみを入れた短い質問を、声に出して練習しましょう。それは会話の中で話すときのリズムではないので、精神的鍛錬と練習が必要です。

Q：あなたはその晩出かけた、これは事実ですね？

A：はい。

Q：7時ころに？

A：はい。

Q：数人の友達と一緒に行った、そうですね？

A：はい。

Q：そして、あなたはお酒を3杯飲んだ？

A：はい。

これが反対尋問で証人をコントロールする唯一の方法です。

　反対尋問の間、陪審を無視しないようにしましょう。彼らは部屋の中で最も重要な人たちなので、彼らにも参加してもらいましょう。折に触れて彼らとアイコンタクトをとりましょう。陪審に考えてもらいたい重要な質問の際にこのテクニックを使いましょう。

◆ 最終弁論

　最終弁論とは、点と点とを結びつけ、証拠から推論を行い、依頼者が勝つべき理由に関して結論を導き出すことです。再びストーリーを語る時間ではありません。陪審員たちは何があったかを知っています。彼らは、あなたが冒頭陳述の中で証拠の見通しを予告するのを聞きました。証人や証拠物はそのときあなたがした約束どおりでした。今度は、なぜあなたが勝つべきなのかを彼らと議論しましょう。証拠が何を意味しているかを議論しましょう。

　議論にはエネルギーを必要とします。弁護活動は事実と法律に関するものですが、人間は感情にも一定程度基づいて決定します。説得的であるためには、事実や自分の意見の正しさについてのあなたの感情が陪審に伝わるように、エネルギーと誠実さをもって議論しましょう。

　冒頭陳述で用いられたよいテーマは、最終弁論の際にも役に立つでしょう。それを繰り返しましょう。すべての証拠が取り調べられた今、陪審はそれを異なった方法で理解するでしょう。

私は、冒頭陳述で、これは選択についての事案だと言いました。今では、皆さんは、被告の選択が原因で起こったことについて、彼女に責任があることを知っています。

　あなたの弁論では、そのようなすべての選択について再検討し、そして、それらの選択がなぜあなたの依頼者が勝つべきことを意味するのかについて議論することになるでしょう。よいテーマは、繰り返される歌のリフレインのようなものです。それを弁論でも持ち出して、「もう1度歌いましょう」。

　彼女の1つひとつの選択を検討しましょう。
　最初に、彼女が選択したのは……
　次に、彼女が選択したのは……

テーマは、あなたが議論を構成するのを助けます。それはレンズのようなもので、陪審は、それを通して事件全体を見ることになります。あなたは、陪審が陪審評議であなたの旋律を歌い続けるように、彼らにあなたのテーマに沿って一緒に静かに歌ってもらいたいのです。彼らは、「彼女は、確かにあの選択をした」と自分たちが同意していることに気づきます。

　あるいは、もし冒頭陳述におけるテーマが「絶望的な人は絶望的なことをする」であれば、あなたの弁論では、彼が絶望していたことを証明するすべての事実を再度取り上げ、その後に彼の絶望的な行動に関するすべての証拠を再度取り上げることになります。

　さて、陪審員の皆さん、被告が本当に絶望していたことが皆さんに明らかになりました。彼の絶望的な経済状況についての証拠をおさらいしましょう。

彼が経済的に絶望していたということが正しいと示すために、それらの事実を整理しましょう。

　次に、自分の会社を全焼させるという彼の絶望的な行動を証明する証拠を検討しましょう。

教えることと議論することは、密接に関連する活動です。議論する際にはよい教師になりましょう。陪審に、相手方代理人の見方からではなく、あなたの見方で事実を見ることを教えましょう。最もよい教師が勝つのです。事案の複雑さや陪審の構成に適したペースを選択しましょう。鍵となる要点では、立ち止まって、あなたがたった今示した点について陪審に考えさせましょう。沈黙には説得力があります。次の要点を示そうと焦らないでください。あなたの主張が染み込むようにしましょう。あなたは、陪審にあなたの主張を教え、彼らのうちの何人かが評議中にあなたの言ったことを繰り返すことができるようにして、彼らに他の陪審員たちを説得してもらいたいのです。あなたは、あなたの考え方に最も傾倒している陪審員たちが評議においてあなたの代弁者となるように、彼らに教えているのです。

　弁論の中に、陪審への説示の文言を使い、鍵となるフレーズを入れましょう。たとえば、「彼は……その義務を履行できなかった」「それは合理的かつ予測可能で……」「彼女には……についての損害賠償請求権が発生します」。陪審員たちは日常会話で法律用語を使わないので、あなたは、弁論にキーワードや鍵となるフレーズを用いることで彼らが法律用語を使えるように教え込みます。

　弁論は、「足し算をしていく」時間と表現することもできます。友好的な会話の中の議論で、説得されていない人が、それではつじつまが合わない[訳注7]と言うことがあるでしょう。推論をして結論に到達することは、事実を足し合わせていくことと考えることができます。弁論は算数に似ています。事実A（特定の証言）＋事実B（文書）＋事実C（専門家意見）＝結論。陪審員たちのために足していきましょう。A＋B＋C＝結論。この種の構造が、冒頭陳述において一連の物語を語ることとは、完全に異なることに注目してください。弁論は、論破しえない結論に到達するために、証人たちによって語られた様々な物語から、特定の細部を取り上げ、それらを足し合わせるものです。

　点と点とをつないで足し合わせる際には、話していることの複雑さを陪審が処理するのに十分な時間を与えるように注意しましょう。彼らは、あなたが言うと同時に説得されるわけではありません。彼らは、あなたが言ったことにつ

［訳注7］　原文 add up には「足し算をする」と「合計が合う」の2つの意味がある。

いて考える一瞬があって初めて説得されます。彼らに考える時間を提供しましょう。弁論の鍵となる瞬間に次の指示を使いましょう。「彼は何百万ドルも失いました。彼の事業は失敗していました。彼には莫大なローンの返済期限が迫っていました。それでも、彼は、火災保険の補償範囲を引き上げました……火事の直前にです。陪審員の皆さん、この点を考えてください」。休止。それは、説得が起こる瞬間です。

　強く終わりましょう。そうするための唯一の方法は、自分が最後に言うことを正確に知って、それを自信を持って言うことです。陪審にあなたに有利な判断を求めましょう。終わりを声に出して何度も何度も練習しましょう。それについて考えるだけでなく、声に出しましょう。音量が次第に小さくなるのではなく、最後の言葉の最後の音までずっと大きな声で話すようにしましょう。

◆ まとめ

　多くの弁護士にとって、法廷に入って事件を担当する機会は限られています。そのような現実を補うため、これらのコミュニケーション技術をあなたの日々の専門的なあるいは個人的な会話の中に結合させましょう。家族、友達や同僚と話をするとき、質問者としての技術を磨きましょう。

　あなたが、誰かと新しく知り合いになるとき、依頼者になるかもしれない人と面談するとき、就職面接をするときなどに、注意して自由回答式の質問をしましょう。質問形式によって、他の誰かに話をさせることになるのか、単に「はい」「いいえ」の返答を引き出すだけなのかが変わってくるという事実を意識してください。自分自身の会話中のジェスチャーを意識し、他の人たちが手を用いてどのように話したり考えたりしているのかを発見しましょう。

　重要な相手と難しい問題を議論するときには適切な態度を選びましょう。冒頭陳述を見越して、家族の集まりで、物語を語る技術に磨きをかけましょう。身近な友人たちとの友好的な会話の中の議論で、事実を整理し、結論を主張する練習をしましょう。

　これらのコミュニケーション技術はすべて、日々の会話の中で、練習し、磨くことができます。それらについてより多く考え、より多く使っていれば、法

廷で事件を担当する機会が訪れたときに、より準備ができた状態になっているでしょう。「弁護人、始めてください」というしびれるような指示を聞いたとき、あなたは自信を持って対応することができるでしょう。

自分自身に言い聞かせましょう

自分の態度、口調、ふるまいを注意深く選ぼう。

すぐにジェスチャーをしよう。力を抜いて心を開こう。

冒頭陳述を決まり文句で始めるのを避け、テーマで始めよう。

主尋問の間、好奇心と興味を持とう。そうすれば、陪審もそうする。

証人を主役にするため、自由回答式の質問をしよう。

反対尋問の間、敵対心と攻撃性を標準の態度としないようにしよう。

陪審がついてきやすいペースを選ぼう。

説得は停止したときに起きる。

自信を持って強く終わるために、最後の部分を練習しよう。

付録
Appendices

話し手のチェックリスト
効果的な弁護活動のための身体、脳そして声の協働

身体をコントロールすること

・話す番になる前に、深く息を吸い、ゆっくりと吐くことによって、呼吸を意識的にコントロールしましょう。

・演台に向かって歩く間、深くゆっくりとした呼吸を続けましょう。

・表情をリラックスさせましょう。そのために、口や眉間から緊張を解きましょう。

・力強いスタンスを身につけましょう。そのために、両足に体重を均等に乗せましょう。猫背になったり、演台や机にもたれたりしないようにしましょう。

・話し始める前にすべての陪審員とアイコンタクトをとりましょう。陪審員の4隅に座っている人たちをきちんと見ましょう。

・メモから目を上げ、話す前に裁判官、陪審、証人に集中しましょう。最初の質問をする前に証人とアイコンタクトをとりましょう。

・手をレディポジションに置きましょう。そして、肘を90度に曲げて、ウエストの位置で両手を軽く触れさせましょう。

・話す前にジェスチャーの準備をしましょう。そして、話すときにジェスチャーが解放されるように身体に指示を出しましょう。

・最初の文章を口に出す前に、最後にもう一度だけ意識的に息を吸いましょう。この息はあなたの声を押し出させるのを助けます。息を吸い込み、息を外に出して話しましょう。

・自然なジェスチャーの3つのRを思い出しましょう。ジェスチャーの「準備（ready）」をし、ジェスチャーを「解放（release）」し、そして時々あなたの

側で腕を「休憩（relax）」させましょう。

・高揚感および／または不安感によってもたらされたアドレナリンを、大きくて、なめらかなジェスチャーへと導きましょう。

・ジェスチャーは、大きく、持続時間が長いほど、より自然に感じられ、自然に見えます。

・「腋の下に空気」を入れれば、ジェスチャーはより自然に見え、自然に感じられます。

・肘から先だけでジェスチャーするのではなく、肩からジェスチャーしましょう。

・手を用いて話をするための自然な本能を一気に活性化させるべく、最初の引き金となるジェスチャーの計画を立てて、練習しましょう。

・引き金となるジェスチャー：「与える」（事実を、あるいは質問を）、「切る」（強調する）、「見せる」（一方で……他方で……）。

・概ね幅120センチメートル、高さ60センチメートルの長方形の空間にある自然なジェスチャーの領域をなめらかに埋めましょう。

・手を広げ、手のひらを広げてジェスチャーをしましょう。指を内側に曲げないようにしましょう。

・質問をするときは、手のひらを上に向けた質問のジェスチャーを使いましょう。

・一旦最初のジェスチャーを活性化させたら、考えるのをやめて本能にまかせましょう。

脳を制御すること

・「落ち着け！」と自分自身に言わないようにしましょう。その代わり、話し始めにエネルギーを高め、解き放ちましょう。

・脳を集中させるために紙ではなく人々に話しかけましょう。冒頭の文章や質問の間はメモを見てはいけません。

・人格のない、画一的な陪審に話しかけているのではなく、個々の人に話しかけていると考えましょう。

- 聞き手のストイックで無表情な顔に驚かないでください（それはあなたのせいではありません！）。
- アドレナリンによって作られたタイムワープを認識しましょう。そして、時間感覚が変化してしまっている自分の認識を補正するために最初はゆっくりと話すことを計画しましょう。
- 休止することはよいことです。沈黙は金なり。短時間の停止はあなたに前もって考える時間を与え、聞き手に理解する時間を与えます。
- 陪審に対するプレゼンテーションの構造を設計しましょう。声に出して言うことは記憶することにも役立ちます。
- この事案に対するあなたの熱意と興味を明らかにしましょう。そして、適切に友好的にふるまいましょう。
- 陪審はあなたが内心どれほど緊張しているかわからないと知りましょう。安心してください。
- あなたが、思考によって次の言葉やアイデアを探さないといけないときは、落ち着いて、パニックボタンを押さないようにしましょう。
- 尋問の間、新しい話題を明らかにするために見出しを利用しましょう。たとえば、「さて、次は……に焦点を当てましょう」とのように。
- メモを利用するときは、より少ない方がよいです！　箇条書を利用しましょう。メモを読むことに抵抗しましょう。
- 話題と話題の間では、メモを見ることを恐れないでください。聞き手が反発するのは、あなたがメモに向かって話しかけたときだけです。
- メモはあなたにとってのヴィジュアルエイドなので、大きく書いて、簡潔に保ちましょう。メモは見やすい位置に置きましょう。
- あなたの考え方やジェスチャーに合う、水平的なメモの利用を試してみましょう。
- パワーポイントや他の形式の電子的画像の利用は少ないほうがよいです。停止し、指し示し、聞き手が見た情報の処理ができる時間を与えることによって、聞き手が画面の情報を吸収できるようにしましょう。

声をコントロールすること

- 深く力強く呼吸をしましょう。話す声の力は、あなたの息の支えに比例します。
- ペースをコントロールするには、文章全体ではなくフレーズで話しましょう。忠誠の誓いのリズムを利用しましょう。
- 肺を満たすために、証人が答えているときに意識して呼吸をしましょう。
- ペースに変化を持たせましょう。重要な部分をフレーズで話しましょう。そして、前置きの情報はさっと話しましょう。
- 代わりに意識的に沈黙を用いることによって、「えー」や「あのー」のような無意識の思考のノイズをコントロールしましょう。
- 強調することは意味を創造します。全ての文章や質問においてキーワードやフレーズを強調するため、力強くメリハリをつけて話しましょう。
- 強調するに値する言葉はしばしば文か質問の最後に来ることを認識しましょう。
- 次第に声が小さくならないように、文章の終わりを強調しましょう。
- 質問しているか、リストを作っているかのように聞こえてしまうので、文章の終わりに声の調子を上げてしまう抑揚を繰り返すという落とし穴に注意しましょう。
- 自信にあふれ、終わりにきたように聞こえるように、文章の終わりでは声の高さ（音量ではない）を低くしましょう。
- 文章や質問をつなげるために、接続詞の「それで」を過度に使うのは避けましょう。
- キーワードを強調することによって、単調な伝え方になるのを避けましょう。
- 複雑な論点を論じるときは、ゆっくりと、より落ち着いたフレーズを用いて話しましょう。

声に出して練習すること

・身体、脳、声を協働させるため、起立して練習しましょう。
・調音器官である唇、舌、顎の筋肉記憶を構築するために、声に出して練習しましょう。
・声に出して草稿を作りましょう。まず話して、その後に書きましょう。
・運転している間、声に出して練習しましょう。
・鏡に話しかける練習はしないようにしましょう。鏡は単にあなたを自意識過剰にさせるだけです。
・声を出して、1人で、たくさん練習しましょう！
・もし時間が限られているのなら、強く始めることができるように、必ず最初の段落を何度も声に出して練習しましょう。
・もし時間が限られているのなら、強く終わることができるように、必ず最後の段落を何度も声に出して練習しましょう。

ビデオによる自己評価チェックリスト
ビデオに映る自分自身を批評すること

足と姿勢

- スタンスは活動的でしょうか？　両足は快適な距離、離れているでしょうか？
- 両足で均等にバランスが取れるように重心が中心にありますか？
- 最初にじっと立っているかどうか観察しましょう。
- 足首を交差させていませんか？　交差させるのをやめましょう！
- 足を動かしていたり、移動していたりしないか注意しましょう。目的があるときだけ動くようにし、無闇に動かないようにしましょう。そして、場合によっては、話題を変えるときに、新しい場所に歩いていきましょう。数十センチメートルの移動は緊張でそわそわしているように見えます。新しい場所に向かおうと決めたのであれば、少なくとも180センチメートルは動きましょう。
- 足を見ましょう。足は腕よりも動いていませんか？　腕の動きが少なすぎると、足はより多く動く傾向にあります。次のように考えましょう。腕に散歩をさせるのです。

膝と腰

- 膝は、動いているバスや電車の中で立っているときのように柔軟でなければなりません。膝を固定してはいけません。
- 腰は、両足の上で中央になくてはなりません。なにげなく一方に傾いて、片側の腰に体重を預けることは避けましょう。

息の支え

・呼吸を観察しましょう。立つ前に意識的に呼吸をしましょう。そうすることで、アドレナリンの噴出をコントロールし神経を落ち着かせます。
・肺が拡張あるいは収縮するのを見てとることができますか？　声を押し出し、酸素を脳にあふれさせるために、腹部から深く呼吸しましょう。

ジェスチャー

・手はレディポジション にありますか？　両手は肘を90度に曲げてへそに触れているべきです。
・イチジクの葉の位置、イチジクの葉の逆の位置、手をポケットに入れること、またはペンを持つことを避けましょう。
・ジェスチャーを自然に見せて自然に感じさせるためには、大きさはより大きく、そして、持続時間もより長くすべきです。
・自然なジェスチャーは、ぎくしゃくしているよりむしろなめらかであり、そして、速いよりもむしろゆっくりです。なめらかにゆっくりと考えましょう。
・いつジェスチャーを始めますか？　後でするのではなく、すぐに意識的にジェスチャーをしましょう。直ちにジェスチャーを一気に活性化しましょう。
・ジェスチャーをするための本能を引き出すために、「一方は……他方は」というジェスチャーを使っていますか？
・ジェスチャーの領域を埋めるべきです。それは、60センチメートル×120センチメートルの長方形で、ウエストから顎までの60センチメートルで外側に120センチメートルです。
・質問をするとき、手のひらを上にして、腕を広げてジェスチャーをしていますか？　ジェスチャーをつけて質問を「与えて」みてください。
・質問をするときの４つの選択肢をすべて使っているか、確認しましょう。すなわち、右手だけ、左手だけ、両手、そして、時には、手を使わない。
・「見せる」のジェスチャーを見ましょう。あなたの両手にもっと表現力を持

たせることはできるでしょうか？
- 最も強調した伝達をする、手を横向きにした空手「チョップ」または両手での空手チョップを探しましょう。
- もし、演台があるのであれば、それを触っていますか？　肘を固定させて演台にもたれ、肩を耳の方に押し上げるようにしてはいけません。　前腕を演台に置いて、その上でうつむいてはいけません。まっすぐ立ちましょう。
- 思考が終わったとき、腕があなたの両脇に垂れ下がっているかどうか観察しましょう。これが「解放」の位置です。あなた自身が感嘆符のような姿勢になるのです！

姿勢

- 身体の正しい位置を見ましょう。よい姿勢は肩を後ろに引き、胸を突き出す姿勢ではありません。それは緊張を高めます。
- よい姿勢は、位置ではなく方向が大事です──それは上向きの方向です──銅像のように位置が保持されたものではありません。
- 頭は胴体の真上にあるべきであって、前に突き出た「鳥の首」の位置にあるべきではありません（顎を引き上げないでください）。
- 頭が、頭蓋骨の頂点につけられたバンジージャンプのひもによって上に引き上げられていると想像してください。

顔

- 顔に生気がありますか？　自己紹介をして握手をしているときに使う「自己紹介」の自然な顔を用いましょう。
- 無表情な「死に顔」に注意しましょう。唇を少し離すようにしましょう。口と鼻で呼吸しましょう。
- 顔とジェスチャーが一緒に動いているかどうかに注目しましょう。自然なジェスチャーは顔の表情に自然な動きをもたらします。
- 固まらないでください！　ジェスチャーを続けてください。

目

- 聞き手を見ていますか？　話し始める前に事実認定者または証人に焦点を当てましたか？
- あなたは目標となる範囲と定めた陪審の外周の４つの角を見るべきです。
- あなたの「考えるときの癖」を理解しましょう。次に言うことを考えているとき、上や下、あるいは横を見ていますか？　長い間、人から目を逸らしてはいけません。
- 脳が焦点を合わせることができるよう、目で焦点を合わせましょう。

思考

- 読んではいけません！　「話す」のです。　どちらをしていますか？
- あなたの伝え方に間はありますか？　沈黙は金です。沈黙は友達です。
- アドレナリンによるタイムワープは停止を過度に長く感じさせます。それらは、ビデオでは長すぎるように思えますか、それともちょうどよいぐらいでしょうか？
- あなた自身と聞き手に考える時間を与えましたか？
- 停止の時間を計りましょう。それぞれ何秒ぐらいですか？　１秒？　２秒？
- どこを見ていますか？　メモを見てそれを読むところから始めないでください。あなたが、伝えようと思っている人たちに焦点を合わせましょう。
- パラシュートのようにメモを使いましょう。まさに墜落し、燃え上ろうとするときにメモを見に行きましょう。
- メモは読みやすいですか？　あなた自身のためのヴィジュアルエイドとしてメモを組み立てましょう。大きく書いて、簡潔にしましょう。
- 標準の状態が眉をしかめた顔つきになっていないか確認しましょう。
- あなたの態度を積極的に選択しましょう。態度は戦術的な選択です。

話すこと

- 自分が文章全体ではなく、フレーズで話すのを聞くべきです。始めるときは「忠誠の誓い」のペースを利用しましょう。
- ペースを聞きましょう。フレーズで話すことによってゆっくりと開始し、慣れてくるにつれてスピードが上がっていますか？
- ゆっくりしたペースは言っていることが重要であることを伝えます。前提情報はより速くなってもかまいません。説得のポイントではよりゆっくりとすべきです。
- ペースを変えましたか？　時折、すべての……単語を……区切って、特別に強調するために極端にゆっくりしたペースを実現しましょう。書面や証人の証言、証拠を引用するときにこのテクニックを使いましょう。
- 声が小さすぎますか？　息の支えをもっと使いましょう。
- 声が次第に小さくなっていますか？　質問の最後の単語またはフレーズを強調しましょう。
- 文末の質問するような抑揚の上昇を聞いて探してみましょう。そのような抑揚で話すと自信なさげに聞こえませんか？
- 終わりにきたことを示すように文章を終えるため、声の高さを落としていますか？
- 階段を下りているかどうか聞いてみましょう。ニュースキャスターが放送の終わりにどのように締めくくっているかを考えましょう。

対極法

- 対極法を適用しましたか？　1つの文章またはたった1つのフレーズでも、本能的に最もよくやっていることと反対のことをしていますか？
- 強調のためにいつものペースよりゆっくり行うのか、強調のためにいつも出している音量より小さい音量で話すのか、自分の声を注意深く聞きましょう。
- 活発に動くだけでなく、時折じっとしているようにしましょう。

・対比を聞きましょう。事実認定者に考えさせるために、より長い沈黙を使うことはありますか？
・ゆっくり（slower）、小声で（softer）、動かない（still）、そして沈黙（silence）。これらの「S」の付く単語をあなたの実践に適用できるかどうか認識しましょう。

仲裁において座っているときの基本的な伝達技術

- 自分の話す順番を待っている間、深く、ゆっくりと呼吸をコントロールしましょう。
- 両足を床に据え付けて真っすぐに座りましょう。椅子の上で前屈みにならないようにしましょう。
- 自分の前の読みやすい位置に、読みやすいメモを置きましょう。水平的なメモを使いましょう。
- 話している間、読みやすくするためメモをもう少し遠くに置きましょう。
- 自然なジェスチャーができるように、机の上で休んでいる両手を互いに離しましょう。
- ペンやノート、クリップなどを神経質にいじりまわさないようにしましょう。両手を自由に保ちましょう。
- 話す前に、メモを確認しながら、沈黙の中で深く息を吸い込みましょう。
- もう一度息を吸うときにアイコンタクトをとりましょう。そして、それからその息を用いて話しましょう。
- 話し始めたらすぐにジェスチャーをしましょう。できるだけ早くジェスチャーを解放しましょう。
- ペースをコントロールするために、話すときは、文章全体ではなく、フレーズで話しましょう。
- **台本を読まないようにしましょう。**メモではなく、仲裁人または証人を見て話しましょう。

申立てや上訴審において議論するときの基本的な伝達技術

- 自分の話す順番を待っている間、深く、ゆっくりと呼吸をコントロールしましょう。
- 演台についたら、両足にバランスよく体重を乗せた身体が中心にくるスタンスをとりましょう。
- 演台の上に、読みやすい水平的なメモを置きましょう。
- 頭が上下運動しなくても簡単にメモが見られるように、一歩後ろに下がりましょう。
- レディポジションに両手を置いて、ウエストの高さで軽く触れましょう。
- 話す前に、メモを参照しながら、沈黙の中で深く息を吸い込みましょう。
- 裁判体とアイコンタクトをとり、最後にもう一度息を吸い込み、そしてその息を外に出して話し始めましょう。
- 話し始めたらすぐにジェスチャーをしましょう。できるだけ早くジェスチャーを解放しましょう。
- あなたが求める法的救済を裁判所に伝えるとき、文章全体ではなく、フレーズで話しましょう。
- **読み上げないようにしましょう。**あなたが自分の主張を伝えようとしている裁判官を見て話しましょう。
- 最初に最も強い議論をしましょう。あるいは、相手方代理人から先ほど聞いたばかりの重大な問題点に直ちに対処しましょう。
- 裁判体から質問がくる兆候に気づくことができるので、アイコンタクトを維持しましょう。
- 押しの強い態度をとりつつも、敬意を払いましょう。裁判官が話すときは、

すぐに話すのをやめましょう。
・質問をしている裁判官を決して遮ってはいけません。
・「誠に恐れ入りますが、裁判長」は避けましょう。多くの裁判官はそれを慇懃無礼と感じます。
・同意できないときは、「私たちは同意できません、裁判長。私たちの主張は……」と言いましょう。
・質問に対する答えでは、理由を説明する前に、「はい」か「いいえ」で始めるのが最もよいです。
・あなたの主張に戻るフレーズを集めて使いましょう。たとえば、「裁判長、それは彼らの申立ての却下を求める私たちの理由につながります」や、「それは、申立てが認められるべきだという私たちの主張を裏づけます」などです。
・自分の主張の主要なポイントを要約する準備をし、30秒程度で簡潔に結論づけられるようにしましょう。
・実際の弁論の前に、譲歩の要求、関係する判例法や相手方の主張に対する反論を、**声に出して練習しましょう。**
・考えられる仮説を予測しましょう。
・争点に関連する公序良俗、法律、そして正義の問題に関し、声に出して議論する練習をしましょう。

参考文献一覧

Alibali, Martha W., Miriam Bassok, Karen Olseth Solomon, Sharon E. Syc, and Susan Goldin-Meadow. "Illuminating Mental Representations through Speech and Gesture." *Psychological Science* 10, no. 4 (July 1999): 327–33.

Amberry, Tom, and Philip Reed. *Free Throw: 7 Steps to Success at the Free Throw Line.* New York: HarperCollins, 1996.

Burns, Ken. *The Civil War,* film. Washington, DC: Public Broadcasting Service, 1990.

Garner, Bryan A. "What Judges Really Think About the Phrase 'May It Please the Court.'" *Bryan Garner on Words* (blog), ABA *Journal* (April 1, 2013). http://www. abajournal. com/magazine/article/what_judges_really_think_about_the_phrase_may _it_please_the_court.

Gawande, Atul. Complications: *A Surgeon's Notes on an Imperfect Science.* New York: Picador, 2002.

Goldin-Meadow, Susan. *Hearing Gesture: How Our Hands Help Us Think.* Cambridge, MA: Belknap Press, 2003.

Holzer, Harold. *Lincoln at Cooper Union: The Speech That Made Abraham Lincoln President.* New York: Simon & Schuster, 2004.

Iverson, Jana M. "Gesture When There Is No Visual Model." In *The Nature and Functions of Gesture in Children's Communication: New Directions for Child Development,* No. 79, edited by Jana M. Iverson and Susan Goldin-Meadow, 89–100. San Francisco: Jossey-Bass, Spring 1998.

Kendon, Adam. "An Agenda for Gesture Studies." *Semiotic Review of Books* 7, no. 3 (1996): 8–12. http://projects.chass.utoronto.ca/semiotics/srb/gesture.html.

Kendon, Adam, ed. "Gesture and Understanding in Social Interaction." Special issue, *Research on Language and Social Interaction* 27, no. 3 (1994).

McNeill, David. *Hand and Mind: What Gestures Reveal about Thought.* Chicago:

University of Chicago Press, 1992.

Ornstein, Robert E. *On the Experience of Time*. Boulder, CO: Westview Press, 1997.

Rothschild, Frank D., and Deanne C. Siemer. *Basic PowerPoint Exhibits*. Boulder, CO: National Institute for Trial Advocacy, 2003.

Stattkus, Dietmar. *Help! I'm Sweating! Causes, Phenomena, Therapies*. Wuppertal, Germany: Hidrex, Biomedizinische Technik, 2006.

Tufte, Edward R. *The Cognitive Style of PowerPoint: Pitching Out Currupts Within*. 2nd ed. Chesire, CT: Graphics Press, 2006.

Williams, Ted, and John Underwood. *The Science of Hitting*. New York: Simon & Schuster, 1986.

Wilson, Frank R. *The Hand: How Its Use Shapes the Brain, Language, and Human Culture*. New York: Pantheon Books, 1998.

著者について

ブライアン・K・ジョンソン
BRIAN K. JOHNSON

　ブライアン・K・ジョンソンは、毎年何百人もの弁護士たちに対し、コミュニケーション能力と説得力を改善するための指導を行っています。彼は、個人個人に合わせたすぐに役立つ改善提案によって、話し手が自然にジェスチャーし、リスクの高い状況でも明瞭に考えられるようになる手助けをしています。彼は、最も優秀な弁護士たちが激しく競争する大手法律事務所の幹部パートナーをもしばしば指導しています。

　彼は、法律の専門家に対するコミュニケーションコンサルタントとして35年以上働いてきました。彼のコミュニケーションに関する講義は、1988年以来、全米法廷弁護技術研究所（NITA）の２週間にわたる全国法廷弁護技術プログラムのオープニングイベントになっていました。2000年には、NITAのプレンティス・マーシャル判事賞を、NITAの歴史上初めて、非弁護士として受賞しました。

　エストニアでは、ジョンソンは糾問主義から当事者主義への移行のために弁護士を訓練するチームの一員でした。アメリカ合衆国司法省のため、彼はサウスカロライナ州コロンビアにある連邦弁護技術センターで連邦検事補たちに対して毎月講義と指導をしています。彼は、ミシガン州グランドラピッズで行われるヒルマン弁護技術プログラムでも毎年教えています。また、テネシー大学、テンプル大学ロースクール、マクジョージ大学ロースクール、そしてベルファストのクイーンズ大学法学研究所において、法廷弁護の客員講師をしています。

　裁判コンサルタントとして、ジョンソンは法廷弁護士たちと協働して証人尋問の準備をしています。彼は、数十億ドルの評決を勝ち取った特許侵害事案をはじめ、インターネットブラウザー、豊胸手術、医療機器、金融サービスや航空産業に関連する事案に関与した経験があります。

マーシャ・ハンター

MARSHA HUNTER

　マーシャ・ハンターは、法的コミュニケーションの専門家であり、どのような状況でも自信を持って説得的に話ができるように弁護士たちを訓練しています。彼女の助言のもと、法廷弁護士たちはその弁護技術を研ぎ澄まし、法廷に立たない弁護士たちはその説明を洗練させ、よりわかりやすく流暢で、雄弁になります。ハンターは、もっぱら弁護士のみを対象にして、口頭での弁護活動や専門的なパブリックスピーキングの技術を教えています。

　ジョンソン・アンド・ハンター社の代表として、ハンターはアメリカ合衆国、カナダ、オーストラリア、そしてヨーロッパに法律分野の依頼者を有しています。彼女はNITA やアメリカ合衆国司法省、アメリカ法曹協会（ABA）、精鋭の法律事務所やロースクール、そして、ベルファストからタスマニアにまで及ぶ数々の弁護士会にてコミュニケーション技術を教えています。

　ハンターは、数多くの法律雑誌に論文を発表しています。その中には、アメリカ法曹協会訴訟部門の「The Woman Advocate」、「Texas Bar Journal」、「PD Quarterly」、「NALP Bulletin」、「Legal Advocate」などが含まれています。彼女は、有名人がどのようにジェスチャーしているかといったことから、自分自身の自然な声の高さと抑揚を使って話す技術に至るまで、様々な話題について、「The Articulate Attorney」というブログに投稿しています。

　かつてのころの日本の裁判は、口頭でのやりとりによって事実認定者の心証
に影響を与えることをおよそ想定しないものでした。検察官は、難解で長大な
文章を何かの呪文のように恐ろしいスピードで読み上げていました。弁護人の
弁論は、弁論要旨と題する書面の全文を、「である」調を「であります」調に
変換しながら高速で読み上げるという奇妙な職人芸でした。民事の口頭弁論期
日において、口頭で議論がなされる場面を見ることはありませんでした。

　刑事裁判に裁判員制度の導入が決まり、公判中心主義や口頭主義の重視が求
められるようになりました。日弁連では、テンプル大学ロースクールや全米法
廷技術研究所（NITA）から講師を招聘し、英米流の口頭での弁護活動に基づ
く研修を行いました。私はその講師たちの圧倒的なレベルの高さ、圧倒的なわ
かりやすさと説得力に衝撃を受けたし、実際にそれを見た多くの弁護士も同様
だったと思います。

　裁判員制度が定着するにつれ、刑事裁判はわかりやすくなりました。しかし、
他方で、違和感もありました。ペーパーレスで抑揚をつけて話すのがよいとさ
れた結果、原稿をがんばって覚えたり、書面を上手に読み上げようとしたりす
ることが広く行われるようになりました。尋問においても、尋問の組立ての重
要性が強調された結果、反対尋問事項をきっちりと作ってそれに従って尋問す
る弁護士が増えました。しかし、それは何かが根本的に違うのではないかとい
う気がしていました。

　そのような中、2017年に、大阪弁護士会刑事弁護委員会の有志で、当時川﨑
拓也弁護士が日弁連推薦留学制度を利用して留学していたサンフランシスコへ
視察に行く機会がありました。そこで多数の裁判を傍聴する中で印象的だった
のは、法廷に立っていた弁護士たちが、内容は必ずしも整然としていなくても、
みな口頭で議論していたことです。そこには、英米における、口頭での議論こ
そが人を説得するのだという思想が感じられ、それは日本の司法界では十分理
解されていない考え方でした。本書は、そのような経験を経た、そのときのメ

ンバーを中心に翻訳をすることになったものです。

　本書では、説得のために、「どのような内容を伝えるべきか」ということは一切解説されていません。本書は、もっぱら「どのように伝えるべきか」という点に焦点を絞った書籍です。ここには、NITA などで教えられている法廷弁護技術の基礎となる考え方が盛り込まれており、本書を読めば、NITA やテンプル大学ロースクールの講師の実演を目にすることができなかった人でも、その一端を感じとることができます。本書では、自分の身体、脳、そして声をどのように使っていくか、心理学的・医学的な知見に基づく理論的裏づけとともにヴィジュアルに解説しており、これまでは熟練した弁護士から「見て盗む」しかなかったことを誰でも学ぶことができます。また、本書は練習方法についても1章を設けており、周りに必ずしも優れた指導者がいない人でも自らその技術を磨くことができるようになっています。本書は、これまでの「法廷弁護技術」を理解している人にとっては、その背景にある考え方を理解し、見直す手助けとなるもので、これから学ぶ人にとっては、法廷弁護活動の基礎となりうるものです。そして、説得が弁護士の活動の核であることは、民事・刑事を問わないはずです。

　言語や法制度の違いもあるので、本書に記載されている全てを日本にそのまま導入できるわけではありませんが、参考になればと、そのような部分も省略することなく翻訳しています。訳者の力不足もあり、一部、読みにくいところもあるかと思いますが、ご容赦いただければと思います。

　また、最後になりますが、遅々として進まない翻訳作業に粘り強く付き合っていただいた日本評論社をはじめ、本書の出版にご助力いただいた皆様には改めて感謝したいと思います。なお、共訳者の1人である白井淳平弁護士は、体調の都合により途中で離脱せざるをえなくなってしまいました。訳者一同、彼の回復を願っています。

　本書が少しでも読者の皆様の役に立ち、日本の弁護士の弁護技術の向上に資するものとなれば幸いです。

2023年4月

訳者代表　大森景一

●訳者紹介

大森景一（おおもり・けいいち）
【はじめに・第2章・第4章・全体監訳】
弁護士（大森総合法律事務所・大阪弁護士会所属）
京都大学法学部卒業。2005年弁護士登録（58期）。
公設事務所にて執務後、エディンバラ大学への短期留学などを経て、現在は大阪にて弁護士業務を行っている。大阪弁護士会では刑事弁護委員会裁判員制度部会などで活動している。全米法廷技術研究所（NITA）の開催した法廷弁護技術に関する実演型トレーニングプログラムやセミナーの受講経験がある。
主な著書として、『刑事弁護 Beginners』（共著、現代人文社、2008年）などがある。

川﨑拓也（かわさき・たくや）
【刊行によせて・序文・はじめに・第3章】
弁護士（藤井・梅山法律事務所・大阪弁護士会所属）
京都大学法科大学院卒業。2008年弁護士登録（新61期）。
カリフォルニア州立大学バークレー校客員研究員（2016年〜2017年）を経て、現在は、京都大学法科大学院非常勤講師・大阪大学法科大学院非常勤講師、日弁連取調べの立会い実現委員会事務局長、日弁連取調べの可視化本部幹事などを務める。
主な著書（論文）として、「取調べの弁護人立会いの到達点と展望」『刑事法学と刑事弁護の協働と展望：大出良知・高田昭正・川崎英明・白取祐司先生古稀祝賀論文集』（現代人文社、2020年）、「姫路郵便局強盗（再審請求）事件：再審請求審における審判対象は何か」犯罪と刑罰25号（2016年）などがある。

東向有紀（ひがしむき・ゆき）
【はじめに・第1章・第5章・付録・著者について】
弁護士（弁護士法人ローズマリー法律事務所・大阪弁護士会所属）
甲南大学法科大学院卒業。2009年弁護士登録（新62期）。
甲南大学法学部卒業後、外資系企業勤務や、カナダ滞在などを経て、法科大学院に入学。
弁護士登録後、これまで大阪弁護士会の裁判員制度実施大阪本部制度検証部会・刑事弁護委員会裁判員制度部会・刑事弁護委員会要通訳事件の問題点に関するプロジェクトチームなどで活動している。

白井淳平（しらい・じゅんぺい）
【はじめに】
弁護士（後藤貞人法律事務所・大阪弁護士会所属）（〜2023年3月）
大阪大学法科大学院修了。2015年弁護士登録（67期）。
大阪弁護士会刑事弁護委員会所属。
第14回季刊刑事弁護新人賞優秀賞受賞。

法廷弁護における説得技術
——法廷できわだつ弁護士になるために

2023年6月30日　第1版第1刷発行

著　者——ブライアン・K・ジョンソン、マーシャ・ハンター
訳　者——大森景一、川﨑拓也、東向有紀、白井淳平
発行所——株式会社　日本評論社
　　　　　〒170-8474　東京都豊島区南大塚3-12-4
　　　　　電話 03-3987-8621(販売) -8592(編集)
　　　　　FAX 03-3987-8590(販売) -8596(編集)
　　　　　振替　00100-3-16
　　　　　https://www.nippyo.co.jp/
印　刷——精文堂印刷
製　本——難波製本